Kornkreise –
Der größte Streich seit Max und Moritz

Florian Brunner · Harald Hoos

Kornkreise –

Der größte Streich
seit Max und Moritz

Bibliografische Information der Deutschen Bibliothek

Die Deutsche Bibliothek verzeichnet diese Publikation in der Deutschen Nationalbibliografie; detaillierte bibliografische Daten sind im Internet über <http://dnb.ddb.de> abrufbar.

ISBN 3-938889-42-X

www.geistkirch.de

1. Auflage 2006

Fotos: Florian Brunner und Harald Hoos
Verlag: Geistkirch Verlag, Saarbrücken
Titelgestaltung: Florian Brunner, Saarbrücken;
Rückseite: Julia Baur, Rehlingen-Siersburg
Satz und Layout: Harald Hoos, Landau
Druck: Sächsisches Digitaldruckzentrum, Dresden

Vorwort

Sie kennen Kornkreise? Jene runden oder in freier Form ins Korn gedrückten Phänomene. Viel ist darüber in den letzten Jahren spekuliert worden. Manche vermuteten Außerirdische am Werk, andere göttliche Zeichen und Hinweise. Nur ganz nüchterne Betrachter kamen schon immer zu dem Schluss: Da machen sich wohl heimlich Menschen ans Werk und drükken Figuren in die Felder. Von Menschen, die so etwas tun, berichtet dieses Buch. Noch genauer: Die Menschen berichten sogar selbst von ihrem Tun und ihrer Motivation. Und schnell wird klar, da steckt mehr dahinter als nur das Spiel mit der Unwissenheit der Anderen. Gewiss, die Kornkreismacher spielen den anderen einen Streich, vermutlich den größten seit Max und Moritz. Aber da ist noch mehr.

Denn auch die, die Kornkreise machen, sind von dem Phänomen gefangen. Sie lechzen nach der Reaktion derer, die in den Formationen im Korn Übernatürliches sehen und die sich auch durch Bekennerzeugnisse nicht von ihrer Sichtweise abbringen lassen. Diese Interaktion zwischen Kornkreismachern und Kornkreisenthusiasten ist selbst ein spannendes Phänomen. Und auch die Kornkreismacher stehen unter seiner Wirkung.

Warum drücken Menschen immer neue Formationen ins Korn? Was sind das für Menschen, die solches tun? Zwei davon haben dieses Buch geschrieben. Sie erzählen die Geschichte einiger Kornkreise aus ihrer Sicht – aus der Sicht der Macher! Wer weiterhin an ein übersinnliches Phänomen glauben will, der sollte das Buch jetzt gleich wieder beiseite legen und sich im esoterischen Buchhandel mit geeigneter Literatur eindecken. Wer aber bereit ist, die Wahrheit aus einem anderen Blickwinkel zu betrachten und dabei den Kornkreis als spirituelles Phänomen neu zu entdecken, der ist in diesem Buch richtig. Denn die Faszination Kornkreis ist nicht dadurch durchbrochen, dass die Formationen von Menschen gemacht werden. Nein, dadurch entsteht sie erst! Und wer bereit ist, mit den Augen von Florian und Harald einen Blick hinter die Kulissen zu werfen, der wird sie spüren.

Christian Bauer

Der Inhalt dieses Buches beruht auf wahren Begebenheiten. Um die Protagonisten zu schützen, wurden deren Namen durch Pseudonyme ersetzt.

1996

Es ist keine Nacht, wie sie sich die vier im Auto gewünscht haben. Es ist ziemlich dunkel, weder sind Sterne am Himmel, noch wird der Mond ihnen bei ihrer nächtlichen Tätigkeit Licht spenden. Harald schaltet den Scheibenwischer ein um die ersten Regentropfen von der Windschutzscheibe zu wischen. Die Stimmung ist angespannt, ein Raunen geht durchs Auto. Das wird eine Schlammschlacht!

Dennoch: Die beiden Frauen und die zwei Männer sind hochmotiviert. Sie verschwenden keinen Gedanken daran, ihr Vorhaben abzubrechen – nur auf Grund der Wetterverhältnisse. Die vier sind gut vorbereitet, wochenlange Planung ist vorausgegangen. Hunderte Kilometer Fahrstrecke haben sie zurückgelegt, um an diesen Ort zu kommen.

Jeweils zu zweit sind sie von fast 400 Kilometer weit her angereist, Heike und Tom mit ihrem Campingbus, und Harald hat Judith auf halber Strecke aufgenommen mit seinem PKW. Der dient jetzt als Einsatzfahrzeug. Vor wenigen Stunden, am späten Nachmittag, haben sie sich getroffen – bei den Externsteinen, einer mystisch anmutenden Felsformation in der Mitte Deutschlands, im Teutoburger Wald.

Noch bei Tageslicht waren alle zusammen zu einer ersten Erkundungsfahrt gestartet. Als Planungsgrundlage diente ein Foto, das schräg in ein Weizenfeld hinein aufgenommen worden war. Auf dem Bild war nichts über Ort und Lage des Feldes zu erkennen. Das sollte es auch nicht, denn der Ort musste geheim bleiben.

Hans Jochen, der das Bild 50-fach an die Kornkreisenthusiasten verteilt hatte, gab als Information ausschließlich mit, dass sich alle Empfänger des Bildes an einem bestimmten Tag im Juli auf das Bild, genauer auf das abgebildete Feld,

Die Externsteine.

konzentrieren und dabei den Wunsch projizieren sollten, dass genau in diesem Feld eine »Quintuplet-Formation« entstehe. Jeder Kornkreiskenner weiß, was er unter einer »Quintuplet-Formation« zu verstehen hat: fünf Einzelkreise, die gleich den fünf Augen auf einem Würfel angeordnet sind.

Hans Jochen will mit diesem Meditations-Experiment seine These belegen, dass Kornkreise durch Gedankenkraft entstehen, gewissermaßen aus dem kollektiven Unterbewusstsein heraus. Und je mehr Leute in Trance fallen, desto besser und sicherer muss das Ergebnis sein. Klingt logisch!

Dem kollektiven Unterbewusstsein auf die Sprünge zu helfen und nicht die ganzen Meditationsanstrengungen im Äther verhallen zu lassen – das ist das Ziel von Harald, Judith, Heike und Tom. Ausgestattet mit dem Foto und lediglich dem Wissen, dass das besagte Experimentierfeld im Umfeld der Externsteine liegt, starten sie ihre Mission.

Kurz vor Mitternacht steigen die vier aus ihrem in einem Seitenweg geparkten Auto. Leichter Nieselregen empfängt sie. Sie sind nervös, Spannung liegt in der Luft. Nein, es liegt nicht daran, dass gleich gemeinschaftlich Landfriedensbruch und Sachbeschädigung begangen wird, es ist eher so, dass die vier mit ihrer Aktion Menschen beeinflussen werden, die aus ihren Vorstellungen und ihrer Weltsicht Kraft, Glauben und Lebensenergie ziehen. Doch nicht nur das macht die vier nervös. Es ist auch die Nacht an sich. Jeder, der schon einmal in der Dunkelheit einen Spaziergang durch Wald und Felder gewagt hat, kennt das. Durch die Dunkelheit verändert sich die Wahrnehmung total. Die Phantasie wird angeregt, Trugbilder entstehen. Und wer gibt schon gerne zu, dass er mit Herzklopfen vor einem Busch in Deckung gegangen ist, nur weil der sich bewegte?

Zurück zum Tatort: Die Werkzeuge in Form einer selbst gebauten Gartenwalze, einer Schnur und ein paar Markierungslatten sind schnell aus dem Kofferraum geholt und die dunkel gekleideten Gestalten verschwinden in der Nacht. Noch bevor der Erste von ihnen den Ort der bevorstehenden

Manifestation des kollektiven Unterbewusstseins erreicht, sind die Hosenbeine durchnässt und das Wasser, das von den Getreidehalmen abläuft, sammelt sich in den Gummistiefeln. Das ist unangenehm, aber zielstrebig beginnen sie mit ihrer Arbeit. Heike steht als Ankerpunkt mitten im Getreide. Sie hält ein Seilende. Tom zirkelt am anderen Seilende eine fußbreite Spur in den saftigen Weizen, Harald folgt sofort mit der selbstkonstruierten Gartenwalze und beginnt die umzirkelte Getreidefläche flachzulegen. Eine schweißtreibende Arbeit. Nach einer Runde gibt Harald an Judith ab – und so geht es reihum, bis der erste Kornkreis vollendet ist.

Schon bei den letzten Bahnen des ersten Kreises macht sich eine deutliche Instabilität am Werkzeug bemerkbar: Der Rahmen der Gartenwalze, er besteht aus verlötetem Kupferrohr, verbiegt sich bedrohlich. Nach einigen Runden im zweiten Kreis ist dann die Katastrophe perfekt: der Führungsgriff des wichtigsten Werkzeuges löst sich und zerbricht. Der Roller ist hin, doch den vieren ist klar: Das Werk muss vollendet werden! Dass die schlammverschmierte und inzwischen vollkommen durchnässte Kleidung allmählich trotz lauer Sommernacht ein deutliches Kältegefühl auslöst, nehmen Heike, Tom, Harald und Judith schon kaum noch wahr, ebenso wenig wie die Umgebung. Sie sind vertieft in ihre schweißtreibende Arbeit, ihr Tun und die sie umgebende Atmosphäre hat sie inzwischen in eine »meditative Stimmung« versetzt.

Sie gehen im Kreis, sehen wie Spur für Spur etwas entsteht, das später von vielen als Rätsel, ja sogar als unerklärlich oder übernatürlich angesehen werden wird, ihr Tun nimmt langsam den Charakter einer rituellen Handlung an. Die Gedanken sind leer, alles fokussiert sich auf den Kornkreis. Es ist die Leere, die auch ein Marathonläufer kennt, die er braucht, um die zweiundvierzig Kilometer zu überwinden. Das satte Knirschen des Weizens, der dem Druck der Walze nachgibt, wird zu einem meditativen Rhythmus. Allerdings ist es nicht die Art Meditation, die Hans Jochen mit seinem Projekt beabsichtigt hatte.

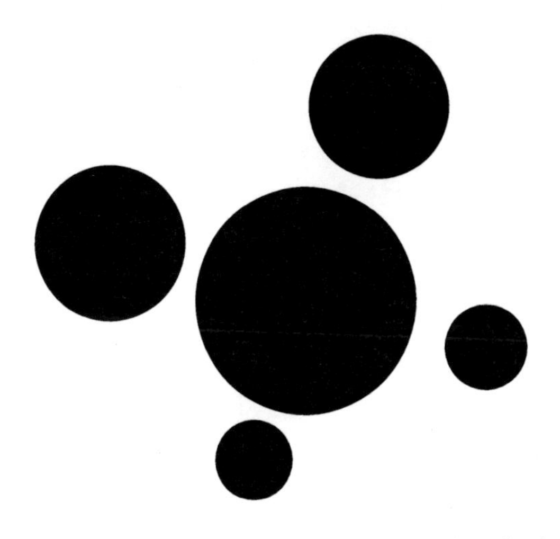

Mit bloßen Händen an der Bruchstelle des Gestänges rollen die Kornkreismacher ihr Werk zu Ende. Dabei bohren sich die kaputten Kupferrohre immer wieder in die Handflächen. Nach etwas mehr als einer Stunde ist die Quintuplet-Formation vollendet. Die vier Einzelkreise um den Zentralkreis sind unterschiedlich groß, aber exakt im 90° Winkel angeordnet. Der unterschiedlichen Größe der Kreise liegt folgende Überlegung zu Grunde: Wenn sich 50 Personen mit Freunden, Bekannten, Verwandten zusammen auf die Entstehung dieser Kornkreisformation konzentrieren, kann man doch bei aller Disziplin nicht davon ausgehen, dass vier gleichgroße Kreise entstehen, so wie es Hans Jochen vorgegeben hatte. Die kleinen Abweichungen werden dem Ergebnis des Experimentes noch deutlich mehr Bedeutung verleihen – darin sind sich im Augenblick die vier Beteiligten einig.

Auf dem Rückweg zum Auto stellt Tom fest, dass er seine Regenjacke und ein Brett im Feld vergessen hat. Er eilt zurück, greift die Gegenstände auf und legt einen winzigen Kornkreis von einmeterfünfzig Durchmesser an, um die Abdrücke, die Jacke und Latte im Feld hinterlassen haben, zu kaschieren. Welch bedeutungsvolle Tat dies war, wird er erst einige Monate später erfahren.

Schema der »meditierten« Formation.

Schnell sind die Einzelteile der Werkzeuge im Auto verstaut. Um die Sitzpolster zu schonen, entkleiden sich Männlein wie Weiblein bis auf die Unterwäsche. Was würde wohl passieren, wenn sie nun in eine nächtliche Polizeikontrolle gerieten? So treten sie die Rückfahrt zum Basislager, zum 15 Kilometer entfernt geparkten Campingbus an.

Allmählich löst sich die Spannung und schlägt um in Euphorie. Alle kehren von ihrem Trip in eine andere Welt der Wahrnehmung zurück. Frisch eingekleidet, beginnen die vier darüber zu sinnieren, wann wohl Hans Jochen die Formation entdecken wird und sein Projekt »Vision« als geglückt erklärt? Alle sind sich einig darüber, dass der Kornkreisforscher Hans Jochen dann sicher in der Fachwelt und deren Publikationen ausführlich berichten wird, dass Kornkreise durch Gedankenkraft entstehen! Es wird ein neuer Meilenstein in der Cereologie

Der erste Kasseler Kornkreis.

sein. Cereologie, so nennt sich übrigens die Kornkreisforschung in der selbst kreierten Fachsprache.

Ursprünglich wollten die vier noch eine weitere Nacht aktiv sein. Doch das war nun infrage gestellt, denn der Gartenroller lag in Einzelteilen im Kofferraum. Damit war das wichtigste Werkzeug für die weitere nächtliche Getreidebearbeitung kaputt und der ADAC ist in solchen Fällen wohl auch der falsche Ansprechpartner. Eine schnelle Reparatur jedenfalls war unmöglich, und deshalb fuhren alle weiter nach Kassel zu einem befreundeten Kornkreismacher, der noch einsatzfähiges Werkzeug im Keller hatte. Das konnte die nächste nächtliche Aktion doch noch retten!

Bei Mr. X in Kassel angekommen, schmiedet die nun auf fünf Kornkreismacher angewachsene Gruppe ihre weiteren Pläne: In der Nacht soll der Ort Zierenberg den ersten Kornkreis in der Geschichte der Region bekommen. Wie wird wohl die Bevölkerung dieser kleinen Gemeinde unweit von Kassel darauf reagieren? Jedenfalls ahnt zu diesem Zeitpunkt noch keiner der Fünf, welche überwältigenden Reaktionen ihre Arbeit haben wird.

Wieder sind es Heike, Tom, Harald und Judith, die kurz nach Mitternacht in einem Feld stehen. Mr. X zieht es vor, sich in dem unweit vom Zielfeld geparkten Campingbus ein wenig auszuruhen. Schnell sind die mittlerweile geübten Kornkreismacher mit dem ersten Werk fertig: Ein Kreis mit Ring liegt im Feld.

Gegenüber dem Weizenfeld, das jetzt ein Kornkreis ziert, liegt blau blühend ein Phacelia-Feld. Gab es schon jemals einen »Kornkreis« in dieser Düngepflanze? Jedenfalls: Kurze Zeit später gibt es einen Kreis in einem Phacelia-Feld!

Ein anstrengendes Wochenende ging zu Ende, zwei Nächte mit wenig Schlaf und sehr viel Spaß. Die Spannung war groß: Was wird in den nächsten Tagen und Wochen passieren?

Wann werden die Kornkreise entdeckt werden und von wem?
Werden die richtigen Personen auf die Geschichte anspringen?

Harald, Heike und Tom werden auch offiziell schnell erfahren, was sie schon wissen. Denn die Drei bilden zusammen den Kern des Vorstandes des »Vereins für Kornkreisforschung«, kurz VFK genannt.

Der Verein wurde 1991 gegründet, wenige Jahre, nachdem der Boom um die Kornkreise von England nach Kontinentaleuropa geschwappt war und neben einigen anderen Ländern auch Deutschland infiziert hatte. In England waren zu diesem Zeitpunkt die Kornkreise schon über ein Jahrzehnt bekannt. Und die Esoterik- und UFO-Szene beschäftigte sich intensiv mit ihnen. Es gab Kornkreisforschung und Kornkreisspezialisten.

Es war Ende der 70er Jahre, als plötzlich plattgedrückte Getreideflächen in südenglischen Feldern gefunden wurden, zufällig in einer Gegend, in der man auch häufiger angebliche UFOs gesichtet hatte. Die Menschen dort glaubten zumeist an außerirdisches Leben und übernatürliche Phänomene – typisch englisch also. Erst später wird bekannt, dass es zwei pfiffige Rentner waren, die den britischen UFO-Enthusiasten den Stoff boten, aus dem ihre Träume waren: UFO-Landespuren im Korn!

Bereits mit dem ersten Auftauchen der Kornkreise wurden diese mystifiziert, mit Außerirdischem in Verbindung gebracht. Für die Einen waren es die schon genannten UFO-Landespuren, für die Anderen Botschaften Außerirdischer. Später kam hinzu, dass die Kreise auch als Hilfeschrei der geplagten Mutter Erde gedeutet wurden, als göttliche Zeichen und Manifestationen des kollektiven Unterbewusstseins. Dagegen klang die Theorie eines Meteorologen, es handele sich um Plasma-Wirbelwinde, schon recht bodenständig und fast langweilig.

Dass Menschenwerk hinter den ganzen flachgelegten Halmen stecken könnte, diese Theorie gab es natürlich auch. Aber in den Augen der Kornkreisbegeisterten kamen solche säkularen Ideen von Ungläubigen, die nicht bereit waren, zu akzeptieren, dass es mehr zwischen Himmel und Erde gibt als das, was unsere Schulwissenschaft zu erklären vermag. Und so warf man den vermeintlichen Realisten schlicht Borniertheit vor. Sahen solche Skeptiker denn nicht, dass diese komplexen Gebilde bei Nacht entstehen? Wie sollte das ein Mensch machen, so ganz ohne Licht? Nie habe jemand beobachtet, wie solch ein Kreis entsteht! Die Getreidehalme seien auch nicht gebrochen, sondern nur umgebogen! Und überhaupt: Sähen die denn nicht die Botschaft, die in den Piktogrammen stecke? Mit diesen Argumenten versuchten die Enthusiasten die Skeptiker zu überzeugen – vergeblich natürlich.

Ganz hartnäckige Skeptiker versuchten sogar zu beweisen, dass es wohl möglich sei, solche Kreise im Schutz der Nacht anzulegen. Jeder nicht unter einem Defekt der Sehorgane leidende Mensch könne nach kurzer Zeit der Eingewöhnung auch nachts sein näheres Umfeld detailliert wahrnehmen, selbst ohne Lampen. Und diese Wahrnehmung reiche vollkommen aus, um in einem Getreidefeld aktiv zu werden. Und warum das noch niemand beobachtet habe? – Na logisch, bei so etwas lasse sich der aktive Kornkreismacher eben nicht beobachten! Und schließlich könne jeder an einem Getreidefeld nachvollziehen, dass saftiger Weizen nicht abknicke, wenn der Halm in die Horizontale gebogen werde, sondern sich sachte im Bereich des Wurzelwerkes abwinkle. Gute Argumente, die allerdings bei den Kornkreisgläubigen auf taube Ohren stießen. Man wollte eben ein schönes und geheimnisvolles Phänomen.

Doch zurück zu unseren deutschen Kornkreismachern und zum Verein für Kornkreisforschung. Seit sich der Gründer und bisherige Chef des VFK zurückgezogen hat, leitet Harald die Geschicke des Vereins. Das ist der Tatsache zu verdanken, dass Harald vor zwei Jahren in einen Konflikt mit dem damaligen Vorstand geriet, weil dieser für andere Auffassungen als die eigenen wenig Toleranz aufbrachte. Zwar akzeptierte der Vorstand, dass es auch menschliche Kornkreisverursacher gab, diese wurden jedoch als Spinner abgetan und sogar als kriminell eingestuft, da sie nur die Aktivitäten der Kornkreisforscher und somit auch die des Vereins stören wollten. Erschrekkender für Harald war aber, dass die Vereinsmitglieder stundenlang und mit wachsendem Eifer und ebenso wachsender Aggressivität darüber diskutierten, wann ein Kornkreis als »echt« und wann als »falsch« zu bezeichnen sei. Natürlich wurde diese Diskussion geführt, ohne nur ein einziges stichhaltiges Argument zu nennen, das einen Hinweis darauf gibt, dass irgendetwas bei Kornkreisen auf nicht-menschliche Ursache hindeutet. Solche Theorien waren nicht erwünscht. Irgendwie schaffte es Harald aber, seine Kritik mit viel Feingefühl vorzutragen; und so hatte er nach einer anstehenden Vorstandswahl plötzlich ein Amt inne, zunächst als zweiter Vorsitzender. Sachen gibt's.

Der Kornkreis-Verein hatte in den kommenden Jahren zahlreiche begeisterte Mitglieder. Alle wollten Forscher sein, formulierten Projekte, bauten Messgeräte und Forschungseinrichtungen, wollten eben an der phantastischen, bisher noch ungeklärten Sache mit den Kornkreisen teilhaben. Allerdings war kaum einer in der Lage oder Willens zu organisieren und administrative Dinge für den Verein zu übernehmen. Es war wie so oft: Jeder wollte einen Verein, aber niemand wollte etwas dafür tun. Und so war es für Harald ein Leichtes, Heike mit in den Vorstand zu holen, eine selbstbewusst wirkende Frau, die wie Harald viel Kritik übte, dabei jedoch weniger diplomatisch war. Und dann kam auch noch Tom in den Vorstand. Tom, der mehr durch seine Statur auffiel, als durch seine Taten ...

Zurück zu den Kornkreisen, die ja noch auf ihre Entdeckung warten. Es dauerte nur wenige Tage, bis bei Harald das Telefon klingelte. Jörg, ebenfalls Vorstandsmitglied des VFK, berichtet euphorisch, dass Hans Jochen mit seinem »Projekt Meditation« wohl erfolgreich war. Die »erdachte« Formation sei entstanden, zwar nicht hundert Prozent perfekt, aber Jörg hielt die Aktion dennoch für einen Volltreffer. Zwar sei das Feld nicht das anvisierte gewesen, aber immerhin das Nachbarfeld. Und das läge sozusagen alles innerhalb der Toleranz. Harald kann das Grinsen kaum unterdrücken. Wie war es ihnen gelungen, ausgerechnet das Nachbarfeld zu treffen, wo sie das Zielgebiet doch nur ungefähr gekannt hatten. Bei der Suche nach einem geeigneten Feld hatten sie mit einem Radius von ca. 20 Kilometer gearbeitet, was mit 2 potenziert und mit Pi multipliziert eine Fläche von 1200 Quadratkilometer ergibt. Und diese Fläche war übersät mit unzähligen Feldern. Der Zufall war also auf Seiten der Kornkreismacher.

Es dauert gar nicht lange, da sind auch die Formationen bei Kassel entdeckt. Es folgt ein riesiger Ansturm auf die beiden plattgedrückten Flächen in den Feldern. Unzählige Experimente werden durchgeführt, von weit her reisen Kornkreisforscher an, die zum Teil auch schon Rang und Namen in der UFO-Szene haben. Eine Gruppe nimmt den Kornkreis im Weizen besonders akribisch unter die Lupe. Kurzwellenempfänger werden neben verrosteten Küchenwaagen mit Gewichtsteinen und Uhren im Feld positioniert. Und auch ein Geigerzähler wird eingesetzt. Der gehört zur Grundausstattung eines jeden guten Kornkreisforschers. Um es kurz zu machen: Die Forscher stellen Gewichtsanomalien fest – ein Kilo-Gewichtstein wiegt im Feld mehr als außerhalb. Zudem wird Radioaktivität festgestellt. Dazu kommt als Erkenntnis ein Riss im Raum-Zeit-Kontinuum, denn die Uhren zeigen offenbar Differenzen zwischen Zeitmessungen im Kreis und außerhalb. Das alles ist dokumentiert in der Vereinszeitung des Vereins für Kornkreisforschung. Die Berichterstattung versetzt die Schöpfer der Kreise in einen emotionalen Ausnahmezustand. Die

Symptome: fassungsloses Kopfschütteln und herzhaftes Zwerchfellbeben.

Messinstrumente wie Geigerzähler, Trifeldmeter (damit bestimmt man Magnetfelder), Kompass und viele selbst gebauten Messeinrichtungen gehören zu den wichtigsten Instrumenten der Kornkreisforscher. Allerdings haben die meisten dieser Forscher solche Geräte noch nie außerhalb eines Kornkreises angewandt. Von Phänomenen wie natürliche Radioaktivität in der Umwelt und Methoden wie Referenzmessungen scheinen sie noch nie etwas gehört zu haben.

Es wird Zeit von Florian zu berichten. Noch weiß er nichts von diesen dramatischen Ereignissen in deutschen Getreidefeldern. Aber auch er interessiert sich für Kornkreise. Gerade aktiviert er seinen neu erworbenen Internetzugang. Das World-Wide-Web zeigt ihm: Es interessieren sich weit mehr Leute für diese Kreise, als er angenommen hat.

Ein Artikel in »Die Welt« gibt ihm zu denken: Auch dort ein Kornkreis – aber ein für sein Auge als Fotograf eindeutig von Menschen geschaffenes Gebilde. Florian recherchiert. Gut fünfzig Treffer zum Thema Kornkreise liefert die Suchmaschine »Yahoo«. Ganz oben auf der Trefferliste eine Gesellschaft, die es sich zum Ziel gemacht hat, dem Phänomen auf den Grund zu gehen, eben jener Verein für Kornkreisforschung. Florian nimmt die Internet-Seite des VFK genauer unter die Lupe. Ist ja spannend! Sind da tatsächlich gerade Forscher dabei, das scheinbar größte Rätsel der Gegenwart zu lösen? Kann ja nicht wahr sein, weiß Florian doch von der Geschichte mit den beiden rüstigen Rentnern, die die komplette britische Szene verulkt hatten.

Florian ist noch neugieriger geworden. Er möchte alles wissen über die Kornkreise und meldet sich daher bei dem gemeinnützigen Verein an. Bald erhält er einen Fragebogen per Post. Der soll den Bewerber offensichtlich auf seine Aufrichtigkeit hin prüfen. Wenige Tage später hält er stolz seinen Mitgliedsausweis in der Hand: Ein fotokopierter Vordruck, unterschrieben vom Vorstandsvorsitzenden, fein säuberlich in Klebefolie verpackt. Mit diesem Ausweis kann Florian sich nun künftig als seriöser Forscher in Sachen Kornkreisen ausweisen.

Dem Aufnahmeschreiben liegt ebenfalls das erste Heft der Vereinszeitung bei. In diesem wird von der letzten Mitgliederversammlung berichtet und zur nächsten eingeladen. Eigentlich kann Florian Vereine und vor allem das Vereinsleben nicht ausstehen. Gehört er jetzt etwa auch zu der Spezies derer, die Kaninchen züchten, diversen Sportarten nachgehen, die er schon zu Schulzeiten hasste, die Kaffeesahnedeckelchen sammeln oder gar am Computer Eisenbahnstrecken nachbauen? Allein fühlt er sich zu schwach für diese Mission. Also fragt er Brigitte, der er schon oft von seiner Faszination im Blick auf Kornkreise erzählt hat. Sie hat immer ein offenes Ohr, wenn es um skurrile und ulkige Dinge geht. Und Brigitte sagt sofort zu. Gemeinsam fahren sie zu einem Symposium für Kornkreisforschung: zur Frühjahrsversammlung in einem Gasthaus im hessischen Neuhof.

Die ersten Gäste sind bereits mit Rucksäcken und in Wohnmobilen angereist, als Florian und Brigitte ankommen. Im rustikalen Nebenzimmer, dort werden sonst Hochzeiten und Karnevalsitzungen gefeiert, treffen die Tagungsteilnehmer nach und nach ein. In einem Tischkarree nehmen sie Platz, nachdem man sich entweder überschwänglich herzlich begrüßt oder aber klar und deutlich ignoriert hat. Ein netter Verein, wie Florian direkt feststellt. Und auf der Tagesordnung stehen interessante Themen: Mathematische Berechnungen zu Kornkreisen, der Besuch einer namhaften Forscherin, eines Luftbildfotografen und eines Schriftstellers. Der hat sogar einen Dia-Vortrag zu Kornkreisen in Norddeutschland mitgebracht.

Die Sitzung wird von Harald eröffnet, der inzwischen erster Vorsitzender des Vereins geworden ist. Er sitzt am Kopf der Tischanordnung. Ein weißhaariger Herr bittet höflich ums Wort und bekommt es. An einem Flipchart erläutert er die Berechnungen um einen prähistorischen Steinkreis in Mecklenburg-Vorpommern. Die hat er mit einem alten Schulkameraden ausgearbeitet. Dazu hatten die beiden die Distanzen der Steine akribisch vermessen und dann verschiedene Zahlenreihen ins Verhältnis zueinander gebracht. Faszinierend! Tatsächlich ergab die Quersumme der auf- und abgerundeten Distanzen der Steine die Entfernung der Erde zum Stern Orion. Besser noch: Wenn man die Null am Ende streiche, so der Referent, und das Ganze durch die Zahl Pi dividiere, habe man die Entfernung zum Uranus. Das solle doch der Gesellschaft zu denken geben: Sollten tatsächlich bereits Menschen in vorchristlicher Zeit über Fähigkeiten und Techniken verfügt haben, die es erlaubten, unser Planetensystem auf den Kilometer genau zu vermessen und zu dokumentieren? Brigitte macht auf ihren Tagungsunterlagen unzählige Notizen ...

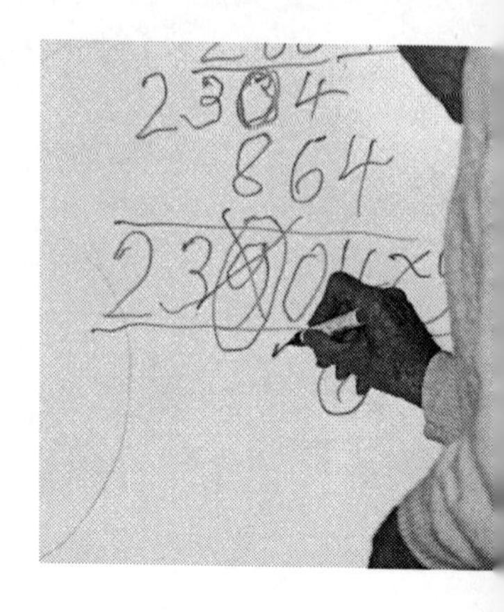

Während der Tagungspause werden »Dame Blanche«, Kaffee, Pommes Frites und Kuchen gereicht. Der argwöhnische Blick des Wirtes lässt seine Gedanken erahnen. Nach der Pause, der nächste Referent. Er heißt Michael, ist Mitte vierzig und bringt ein Modellflugzeug mit. Das hat er selbst gebaut. Mit einer Fernbedienung demonstriert Michael wie per Funk die Flügelbewegungen gesteuert werden. Der Clou: Michael hat eigens eine Kompaktkamera in den Rumpf des Fliegers eingebaut. Die erlaubt es kostengünstig an Luftbilder von Kornkreisen zu kommen. Über die Fernsteuerung wird die Kamera während des Fluges ausgelöst. Diese macht dann nacheinander ein Bild nach dem anderen, bis der Film voll ist. Das Ergebnis eines 36er-Films sind im Schnitt 35 Nieten und ein

»Sie erlauben, dass ich die Neun streiche?«

Volltreffer: das Luftbild eines Kornkreises. Den Berufsfotografen Florian interessiert das natürlich besonders, kosten doch die Flüge mit einem richtigen Flugzeug bis zu mehreren hundert D-Mark pro Stunde.

In der nächsten Tagungspause stellt Harald Florian und Michael einander vor. Michael hat nämlich zwei dicke Fotoalben dabei, die den Foto-Profi sicher interessieren werden. Darin sind an die hundert Fotos mit Lichtkugeln fein säuberlich eingeklebt.

Lichtkugeln? Michael erklärt, dass es sich dabei um bei Nacht fotografierte »Plasmakugeln« handele. Die Kugeln sehen aus wie transparente Schneebälle, nur sind diese eben mitten im Sommer fotografiert. Und die Plasmakugeln könnten fliegen und seien mit dem bloßen Auge nicht zu erkennen, erklärt Michael weiter. Erst ein Fotoapparat mit Blitzlicht lasse diese Wesen sichtbar werden. Sollten sich etwa hinter den milchigen Kugeln die Auren Verstorbener verbergen? Oder seien die Kugeln gar intelligente Wesen, die Kornkreise verursachten? Diese Fragen und was das alles mit Plasma zu tun haben soll, kann Michael beim besten Willen nicht beantworten. Aber das Phänomen der Plasmakugeln, jetzt auch »Light-Orbs« genannt, wird mittlerweile von einem eigenen Arbeitskreis untersucht.

Übrigens: Umherfliegende Motten, Käfer, Mücken oder schlichte Staubpartikel erscheinen, wenn man sie im Unschärfebereich vor das nächtliche Blitzlicht der Kamera bekommt, ebenfalls wie eine transparente Kugel. Aber das nur nebenbei ...

Die Tagung geht weiter, nun kommt ein Herr Allgeier zu Wort. Der wirkt in Wort und Umgang wie ein echter Gentleman. In Schleswig-Holstein hat er im Jahr 1996 aus der Luft eine Reihe faszinierender Kornkreise entdeckt, was er mit einem Diavortrag dokumentiert. Wunderbare Luftbilder gibt es zu sehen. Der leidenschaftliche Pilot hat sich einen Doppeldecker in mühevoller Handarbeit selbst gebaut. Mit diesem Flugzeug aus Holz und festen Leinentüchern überquerte er den wunderbaren Landstrich Angeln unweit der Stadt Schleswig.

Bei seinen zahlreichen Rundflügen entdeckte er immer wieder Kornkreise, die von ihrer Machart wesentlich schöner und harmonischer gestaltet waren, als jene in Südengland. Sollte es Parallelen zwischen England und dem norddeutschen Angeln geben? Sind gar die gleichen Macher am Werk oder kommunizieren da etwa zwei Intelligenzen miteinander?

Herr Allgeier will der Sache auf den Grund gehen. Und er hat bereits ein Gasthaus im Auge. Dort könne sich die Szene der Kornkreisforscher treffen, ähnlich dem legendären »Barge Inn« im englischen Wiltshire. Der »Mühlenkrug« entpuppt sich später jedoch als Flop. Darüber wird noch zu berichten sein.

Doch zunächst schließt sich hier der Kreis: Hans Jochen berichtet über sein Projekt »Meditation«. Er erläutert noch einmal die Versuchsanordnung mitsamt den verschickten Fotos und seiner Aufforderung zur Meditation. Resultat seines ausschweifenden Vortrages: Hans Jochen findet, sein Experiment sei geglückt! Kornkreise könnten tatsächlich durch reine Gedankenkraft entstehen. Denn Zufall könne das nicht alles gewesen sein. Seine Analysen hätten sogar ergeben, dass ein kleiner Einzelkreis in der Nähe der Formation (wir erinnern uns, Tom hatte Werkzeug und Jacke vergessen und das mit einem kleinen Kreis kaschiert) genau in der Achse Hermannsdenkmal und Kornkreis liege!

Was Florian zu diesem Zeitpunkt nicht merkt, ist, wie Harald es konsequent vermeidet, Blickkontakt zu Heike, Tom und auch der später angereisten Judith zu bekommen. Alle vier vermeiden die gezielte Blickrichtung. Was Florian ebenfalls nicht bemerkt: Während des Vortrags von Hans Jochen verlässt Harald mehr als überdurchschnittlich oft den Saal. Es ist nicht der Harndrang, der Harald hinaus treibt. Es sind seine Gesichtsmuskeln, die immer wieder drohen, außer Kontrolle zu geraten.

Noch viel weniger ahnt Florian, was in dem ersten Vorsitzenden vorgeht, als Herr Allgeier Hans Jochen vorschlägt, bei weiteren Experimenten dieser Art noch methodischer und präziser vorzugehen. So könne man zum Zwecke der Nachvollziehbarkeit doch eine seriöse Vertrauensperson, zum Beispiel Harald, quasi in der Funktion eines Notars hinzuziehen ...

Dann war die Tagung zu Ende und hatte für Florian reichlich Rätsel aufgeworfen, aber Harald hatte ihn fasziniert. Er hatte das Wochenende in Neuhof professionell moderiert, es war kurzweilig und hoch interessant gewesen. Wunderbare Menschen hatte Florian kennen gelernt.

Da waren der Vorstand des gemeinnützigen Vereins. Besagter Harald mit seinen Birkenstocks, die nette Heike mit ihrem stämmigen Tom, der sich gerne in alles einmischte, als hätte er des Rätsels Lösung bereits längst in der Hand. Es gab den Pressesprecher, der mit Anzug und Krawatte nicht so recht in das Bild des Vereins passen wollte. Und es gab Jörg, den Brigitte treffend »Kartoffelauge« nannte. Und dann war da noch die promovierte Soziologin im Ruhestand. Die zeigte Fotos von einer eigenen Ausstellung über Kornkreise. Die Hälfte der Fotos stand übrigens auf dem Kopf, aber wenn man sie richtig herum drehte, waren sie wirklich wunderschön! Das musste auch der Profifotograf zugeben.

Ein junger Mann blieb Florian ebenfalls im Gedächtnis. Der hatte in den Jahren seiner Forschung allerlei wunderbare Geräte gebastelt. Vom Geigerzähler bis hin zu einer Antenne, die irgendwelche rätselhaften Signale einfangen kann. Wenige Jahre später wird dieser junge Mann ein Experiment vorstellen, das an H.G. Wells' »Zeitmaschine« erinnert. Seine Hypothese wird sein, dass bei der Entstehung von Kornkreisen Zeitsprünge stattfinden. Wir Menschen, wird er sagen, könnten die Entstehung womöglich nicht wahrnehmen, weil die Kornkreise in einem Bruchteil von Sekunden liebevoll von unbekannten Intelligenzen ins Korn gedrückt würden. So setzt er alles daran, zu beweisen, dass bei der Entstehung eines Kornkreises die Zeit für einen Moment stillsteht. Um das zu zeigen, baut er einen Satz von computergesteuerten Geräten: Eine absolut genaue elektronische Uhr, an die beliebig viele kleinere identische Uhren angeschlossen werden. Auf Knopfdruck werden diese »Nebenuhren« mit der Hauptuhr synchronisiert. Danach werden die Nebenuhren in einem Kornfeld vergraben, während die Hauptuhr sozusagen als Referenzuhr im Besitz des Forschers in sicherer Entfernung zum Kornkreis aufbewahrt wird. Wenn dann ein Kornkreis entstanden ist, werden die Uhren wieder ausgebuddelt und der Zeigerstand mit dem der Referenzuhr verglichen. Übrigens: Bis zum heutigen Tag laufen alle diese Uhren absolut synchron. Ein echtes Meisterwerk der Technik!

Auch Harald, Heike und Tom sind mit dem Verlauf des Wochenendes zufrieden. Eine gelungene Vereinssitzung! Aufgrund des durchschlagenden Erfolges der beiden Kornkreisformationen bei Kassel, beschließen die Drei, dass Kassel das Kornkreiszentrum in Deutschland werden solle. Schon jetzt steht fest: 1997 soll es dort weitere Kornkreise geben. Und die Führung der Forschungsgesellschaft plant, die beiden jährlichen Sitzungen des Vereins ebenfalls in die Region Kassel zu verlegen.

1997

Auf dem Küchentisch liegt ein Blatt Papier. Zwischen vielen Linien, Kreisen und Kreissegmenten ist ein Labyrinth zu erkennen. So eines wie in dem aufgeschlagenen Buch über keltische Labyrinthe. Die drei »Konstrukteure«, die über der Zeichnung brüten, wollen die Abbildung aus dem Buch in ein Feld drücken, um die Stimmung in der neu geborenen Kornkreisszene des verschlafenen Städtchens Zierenberg ein wenig anzuheizen. Harald arbeitet schon seit Wochen an dem Plan, das komplexe Labyrinth im Korn umzusetzen. Und tatsächlich hat er einen einfachen und vor allem sicheren Lösungsweg gefunden. Tom ist zwar dagegen. Aber das ist normal. Denn Tom ist immer dagegen.

Mr. X hat schon ein Feld im Visier. So tauchen die drei Kornkreismacher, Heike ist auch wieder dabei, an einem Freitag Abend der zweiten Junihälfte vor Ort auf. Das Feld, das der Kontaktmann aus Kassel ausgesucht hat, liegt direkt neben der Autobahn. Jeder, der diese Strecke fährt, wird den Kornkreis sehen. Eine ideale »Leinwand« für das Kunstwerk.

Harald, Heike und Tom parken das Einsatzfahrzeug direkt am Feld. Harald war dieser Parkplatz eigentlich zu auffällig. Er wollte das Auto in sicherer Entfernung parken. Tom war dagegen – aber egal. Die Aktion selbst läuft wie am Schnürchen. Innerhalb von knapp drei Stunden zeigt das Weizenfeld ein perfektes Labyrinth. Und da ist es wieder: das Gefühl, langsam in Trance zu fallen. Zu Beginn zieht jedes noch so kleine Ereignis in der Umgebung die Aufmerksamkeit der Kornkreismacher auf sich: Ein Strauch oder ein Straßenschild wird zu einer Person, anscheinend bremst jedes vorbeifahrende Auto in Höhe des Feldes ab. Doch die Paranoia schwindet mehr und mehr und weicht einer meditativen Stimmung, je mehr

sich die Akteure in ihre Arbeit vertiefen. Nach dem konzentrierten Anlegen der Grundkonstruktion im Feld folgt das Plattlegen des Getreides. Gleich einem rituellen Tanz afrikanischer Stammesmitglieder zu immer wiederkehrenden Rhythmen, walzen die Kornkreismacher das Getreide kreisförmig um. Das Geräusch des sich satt knirschend zu Boden legenden Getreides unterstützt diesen tranceähnlichen Zustand. Und es ist ein erhebendes Gefühl, wieder aus diesem Zustand aufzutauchen und in der fertigen Formation zu stehen. Gegen 3 Uhr in der Nacht legt sich langsam Bodennebel über das Feld. Die Lichter in den Dörfern sind inzwischen erloschen, die Straßenlaternen abgeschaltet. Die Kornkreismacher fühlen sich jetzt fast selbst wie Außerirdische.

Das Nachtquartier, ein Campingbus, steht auf einem Waldparkplatz in ca. 20 Kilometer Entfernung. Nach kurzem Schlaf planen die Drei für die nächste Nacht ein weiteres labyrinthartiges Gebilde. Das Feld ist bereits ausgesucht. Es liegt unweit des ersten. Auch diese Aktion gelingt vorzüglich.

Wie es den Brandstifter zum Tatort zieht, so kehren auch die Kornkreismacher zu ihren nächtlichen Kunstwerken zurück. Noch ist es für Tom, Heike und Harald leicht, sich unbemerkt bei Tageslicht in der Region zu bewegen. Kaum jemand kennt ihre Autos und Kornkreispatrouillen gibt es auch noch nicht.

Das erste Labyrinth.

Natürlich dauert es nicht lange, bis beide Labyrinthe entdeckt sind. Das zweite, spontan entwickelte, liegt direkt im Blickfeld von Rudolf. Rudolf wohnt in Burghasungen. Das Dorf ist an den Burghasunger Berg gebaut, von dem aus ein prächtiger Blick über die Talsenke herrscht, in der das zweite Labyrinth liegt. Wenn Rudolf aus seinem Wohnzimmerfenster schaut, muss er den Kornkreis sehen. Und er weiß noch mehr zu berichten. Schon in der Nacht habe er ein nebulöses Licht über dem Feld gesehen!

Harald ist kaum zu Hause angekommen, da erhält er Meldung über die beiden spektakulären Formationen bei Kassel. Die Kornkreisszene ist in Aufruhr! Rudolf berichtet Harald von einer Spirale im Feld direkt neben der Autobahn, die er dann auch als Zeichnung faxt. Die hat allerdings nichts mit der eigentlichen Abbildung im Feld zu tun. Schon erstaunlich, denn Rudolf ist Vermessungstechniker. Aber immerhin: Die Ortsbeschreibung stimmt exakt.

Viele Kornkreisforscher kommen, aber auch viele, die einfach nur neugierig sind. Und das Ergebnis der Forscher ist einhellig: Die Kornkreisformationen sind »echt«, also nicht von Menschen gemacht! Konnte ja auch gar nicht sein. Wie sonst ließe sich der Bericht jener älteren Dame erklären, die, nachdem sie das Kornkreislabyrinth besucht hatte, allen Ernstes erzählte, sie habe »den mentalen Kontakt mit dem Universum hergestellt und dabei eine auf dem Kopf stehende Pyramide gehört«. Noch Fragen? Vermessungstechniker Rudolf hat dagegen ein ganz einfaches Argument für die Echtheit: Tage bräuchte er, um ein solches Gebilde zu konstruieren! Übrigens, mittlerweile arbeitet Rudolf nicht mehr als Vermessungstechniker.

Die Kasseler Kornkreissaison ist allerdings noch nicht zu Ende. Denn der VFK in Person ihres Vorsitzenden hat große, wenn auch umstrittene Pläne. Harald hatte bereits auf der Herbstversammlung 1996 vorgeschlagen, einmal Messungen und Experimente in einem anerkannt von Menschen gemachten Kornkreis durchzuführen. Und zwar die gleichen Experimente, die bisher in »echten« Kornkreisen realisiert wurden. Welche Ergebnisse würden die Geigerzähler, Trifeldmeter und all die selbst gebastelten Instrumente wohl liefern? Natürlich war Harald klar, dass das Verhalten der selbst ernannten Kornkreisforscher in solch einer Situation viel interessanter sein würde als die Messergebnisse selbst. Das allerdings hatte er den Vereinsmitgliedern natürlich nicht gesagt.

Schon der Vorschlag, dass der seriöse Kornkreisforschungsverein selbst in einem Feld tätig werden sollte, führte zum Eklat! Dass seriöse Forscher dabei Feldfrüchte zerstören würden, war noch ein eher harmloser Einwand, der sich mit dem Argument, man könne ja Entschädigungszahlungen leisten, leicht ausräumen ließ. Schwerwiegender war, dass hier Zeichen einer unbekannten Macht kopiert werden sollten, wodurch in ein mutmaßliches höheres energetisches Gefüge eingegriffen werde. Dies bedeutete für einige Kornkreisforscher einen großen Frevel. Wer könne abschätzen, wie die uns unbekannte Intelligenz, die die »echten« Kornkreise macht, reagiert? Trotz aller Bedenken wurde das Experiment aber beschlossen und ging in die Planungsphase.

Projektplanung im VFK ist Aufgabe von Benjamin, der mit dem Zeitsprung und den lustigen Uhren. Das ist ein kleiner, hagerer Mann, mit einer auffallenden Frisur, die eigentlich keine Frisur ist. Korrekt, aber altmodisch gekleidet, passt er perfekt in jedes Labor. Und die meisten, die ihn näher kennen, haben Zweifel, ob Benjamin außerhalb eines solchen Labors überhaupt lebensfähig ist. Benjamin beschwert sich regelmäßig über die fehlende Bürokratie im Verein, seit Harald die Amtsgeschäfte übernommen hat. Er würde viel lieber schriftliche Projektanträge in mehrfacher Ausfertigung einreichen, dann in Sondersitzungen darüber beraten, um danach über die Anträge abzustimmen. Nun spricht die Mitgliederversammlung einfach über die einzelnen Vorschläge, berät und stimmt ab. Sehr einfach. Eigentlich zu einfach für Benjamin.

Benjamin macht sich zwar eher widerwillig daran, das ketzerische Projekt von Harald durchzuführen, legt aber dennoch seine legendäre Gründlichkeit ans Werk. Es werden Unterprojekte formuliert: Getreidehalme und Bodenproben sollen untersucht, Messungen der Radioaktivität durchgeführt und das Ganze akribisch vermessen werden. Und sensitive Personen mit Pendel und Wünschelrute werden ebenfalls auf die Formation angesetzt. Und da es so viele Projekte sind, heißt das Gesamtprojekt »Pool« – wegen der Vereinigung der vielen Unterprojekte.

Ein Umstand sorgte schon vor dem eigentlichen Projektstart für Streit und vor allem der kleine Mann mit den seltsamen Haaren auf dem Kopf protestierte: Mit ihm werde die Kornkreis-Wissenschaftswelt nicht getäuscht! So müsse jeder *vor* den eigentlichen Experimenten erfahren, dass es sich bei dem zu untersuchenden Kreis natürlich nur um eine billige Kopie eines Kornkreises handele und nicht um das übernatürliche Phänomen. Nur so seien objektive Ergebnisse zu erlangen. Harald erkennt schnell, dass er hier wenig Chancen hat seinen Plan durchzusetzen.

Doch das Projekt kommt nicht richtig in Gang. Zwar steht ein Termin schnell fest, aber Benjamin findet keinen Landwirt, der einen geeigneten Acker zur Verfügung stellen will. Der Verdacht liegt nahe: Benjamin will das Projekt auf diese Weise bremsen oder gar verhindern! Doch hier tritt Werner auf den Plan, ein Typ, den nichts aus der Ruhe bringt, der aber mit seiner Ruhe andere oft aus derselben bringt. Werner ist ausgestattet mit dem Talent, verfahrene Situationen im letzten Augenblick zum Guten wenden zu können. Und diese Fähigkeit setzt er jetzt ein. Er ist es, der den Landwirt findet und den Kontakt zwischen diesem und Benjamin herstellt. Der Landwirt will den Kornkreisforschern eines seiner Demeter-Felder zur Verfügung stellen. Und dass auf dem Experimental-Feld streng ökologisch kontrollierter Ackerbau betrieben wird, soll später noch von Bedeutung sein.

Und dann ist sie da, die entscheidende Projektnacht. Der »Pool-Kreis« soll unauffällig und diskret angelegt werden, hat sich der Projektinitiator gewünscht. Aber die Autos der Aktivisten fahren mit Auf- und Abblendlicht durch die Feldwege. Und die Taschenlampen machen auch den letzten zufälligen Passanten auf das Geschehen aufmerksam. Werner hat für die Aktion einen Entwurf erarbeitet, gemeinsam mit einer Künstlerin. Der soll nun umgesetzt werden. Doch das Feld erweist sich als völlig ungeeignet. Das Getreide ist unterschiedlich hoch, und es sind sogar größere Flächen ohne Korn. Dennoch, sollte das Projekt nicht gänzlich umsonst sein, müssen sie weitermachen. Nur wie? Denn mittlerweile ist der Projektleiter mitsamt dem Konstruktionsplan in die Nacht verschwunden.

Und die Probleme summieren sich. Die Seile zum Abzirkeln der einzelnen Kreise dehnen sich wie Bungee-Seile. Und das eingesetzte Werkzeug hält den Belastungen nicht stand. Aber irgendwie schaffen es Harald, Werner, Heike und Jörg, die Formation zu vollenden.

Wie sollte es auch anders kommen. Die meisten der vorab formulierten Unterprojekte wurden gar nicht ausgeführt. Nur eines der doch ausgeführten soll hier noch Erwähnung finden: Unterprojekt »Regenwurm«.

Harald war verreist und hatte somit nicht die Möglichkeit, die weiteren Ereignisse um »Projekt Pool« näher zu verfolgen. Heiß und kalt wurde es ihm, als er durch das Telefonat eines irritierten, ja fast aufgebrachten Mitgliedes des VFK nach seiner Heimkehr erfuhr, dass Benjamin zusammen mit einem Biologen eben dieses Unterprojekt durchgeführt hatte. Es ging darum, die Population von Regenwürmern innerhalb und außerhalb des Kornkreises zu bestimmen. Dazu brachten die beiden Experimentatoren auf zwei definierten Flächen im Feld eine Formaldehyd-Lösung aus. Ja, eine Formaldehyd-Lösung in einem Demeter-Feld aus überwachtem ökologischem Anbau! Und das, um Regenwürmer aus dem Boden zu locken und zu zählen!

Harald stellte Benjamin und den Biologen Benny zur Rede. Ohne jeglichen Erfolg. Das tut man so, das wird von Biologen immer so gemacht, wieso denn nicht auch bei dem »Projekt Pool«¿ – Das waren die Reaktionen der beiden Umweltverschmutzer. Und Benjamin brüstet sich noch heute mit seinem Umweltbewusstsein: er habe die Regenwürmer abgewaschen, bevor er sie wieder ausgesetzt hat ...

Damit war das Experiment für Harald eigentlich schon gelungen. Es war bewiesen, dass bei den Kornkreisforschern gar kein Interesse an wirklich zielgerichteter Forschung besteht. Für sie war das Experiment ebenfalls erfolgreich. Es war jetzt bewiesen, dass Menschen in der Nacht keine exakten Kornkreise anlegen können, jedenfalls keine von der Qualität der Labyrinthe, die man kurz zuvor bei Zierenberg entdeckt hatte.

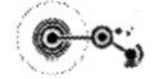

Die Kornkreissaison 1997 in Kassel ging zu Ende. Anfang August wurden die Felder gemäht und somit verschwanden die Spuren im Korn. Werner hatte organisiert, dass Heike und Harald in einer Galerie in der Nähe von Zierenberg einen Dia-Vortrag über die Kornkreise halten sollten. Dazu war eine Ausstellung der Bilder von Helga geplant, jener Bilder, die auf dem Kopf stehend schon an mehreren Orten präsentiert worden waren.

Die Galerie Baumwerk, der gewählte Ort für Vortrag und Ausstellung, stellte allerdings eine immense Herausforderung an die körpereigenen Abwehrkräfte dar. Hier lebte eine Gruppe von Menschen – nun, sagen wir »alternativ«. Ina und Norbert versuchten sich in dieser Gruppe als Galeristen, und in der Küche nebenan wurden junge Hunde herangezogen. Der Boden der Küche war mit Stroh ausgelegt, womit die Gefahr gebannt war, auf dem hundeurinfeuchten Boden auszurutschen. Als es dann um das Mittagessen ging, hatten Heike und Harald plötzlich noch einen dringenden Termin; der fiel ihnen ein, als Ina lauthals aus dem Fenster über den Hof rief, ob noch Eier da wären, die in der Küche seien faul. Überhaupt hielt sich Harald im »Baumwerk« am liebsten stehend auf, um möglichst wenig Körperkontakt mit dem Gebäude zu bekommen. Dennoch, der Vortrag fand statt, war allerdings mäßig besucht. Außer einigen Bekannten aus der Kornkreisszene und deren Freunden waren wenige Zuhörer anwesend. Am nächsten Morgen gab es dann noch ein Frühstück, nennen wir es einfach »Cannabis-Frühstück« ...

Und dann kam noch die jährliche Herbst- und Jahreshauptversammlung des VFK. Schon die Frühjahrsversammlung hatte im »Ochsen«, einer Gaststätte in Zierenberg, stattgefunden. Es war also gelungen, planungsgemäß die Kornkreise nach Kassel zu ziehen und dort zu etablieren. Und die beiden spektakulären Formationen dieses Sommers trugen weiter dazu bei, dass Zierenberg zum Kornkreis-Mekka wurde. Auch fanden die Kasseler Kornkreise schon internationale Beachtung. Der »Crop Circle Connector«, die führende englische Internetpräsenz zum Thema, kürte das zweite Labyrinth zum »State of the Art 1997«. Da soll noch mal einer sagen, die Kornkreismacher bekämen keine Anerkennung für ihre Kunstwerke! Doch zurück zur Jahreshauptversammlung im »Ochsen«.

Es ist Freitag Abend gegen 21 Uhr, als Florian aus Saarbrücken über die unbeleuchteten Landstraßen durch menschenleere Dörfer in dem beschaulichen Städtchen ankommt, das er bislang nur aus Staumeldungen kennt. Das Gasthaus liegt am Rand des Marktplatzes. Es ist ein renovierungsbedürftiges ehemaliges Fachwerkhaus. Kein Schmuckstück also, aber das Essen ist kräftig und man bemüht sich, das Ambiente mit liebevoller Tischdekoration wie Ton-Enten, Girlanden und lustigen Strohgestecken aufzuwerten. Am Ecktisch in der verqualmten Gaststube sitzen bereits Harald, »Kartoffelauge« und Udo, einer der wenigen Akademiker unter den Kornkreisforschern. Bald kommt auch noch Werner dazu, der im Gegensatz zu den anderen nur eine kurze Anreise hat. Er wohnt im Nachbarort. Werner kennt sich in der Gegend bestens aus. Kein mystischer Ort, kein Hünengrab, das er hier nicht kennt. Man tauscht sich über den Urlaub in der südenglischen Kornkreis-Metropole Wiltshire aus und darüber, wer in diesem Sommer wieder im »Barge Inn« saß und welche Thesen dort vertreten wurden. Man spricht auch darüber, dass in diesem Jahr endlich jemand den Mut gefasst hatte, den dortigen Wirt zur Rede zu stellen, weil der teure Campingplatz hinter seinem Pub keine sanitären Einrichtungen besitze und unendlich dreckig sei.

Nach Smalltalk und ein paar hessischen Bieren zuviel verschwindet Florian in sein Zimmer und fragt sich: Warum fahren die Leute bloß jedes Jahr auf diesen üblen Campingplatz, wo es dort doch so herrliche Bed & Breakfast-Unterkünfte gibt?

Am nächsten Morgen versammelt man sich zum Frühstück in der Gaststube. An der Theke stehen vier Männer ab 60 beim Frühschoppen. Sie sehen aus, als gehörten sie zum Inventar und mustern wortlos jeden Neuankömmling. Was sind das für bunte Vögel, die sich in diesem verschlafenen Nest treffen? Bei Kaffee und selbstgemachter Aprikosenkonfitüre treffen dann noch die weitgereisten Tagungsbesucher ein. Es kommt natürlich zur üblichen Begrüßungszeremonie. Harald begrüßt die Runde und äußert sich begeistert über die Kornkreissaison in Kassel. Er stellt viele spannende Beiträge für die nächsten zwei Tage in Aussicht. Mit Hochspannung wird der Vortrag von Rudolf erwartet.

Rudolf nutzt seine neu Popularität, die er durch seine Präsenz bei den Kornkreisen gewonnen hat, und verkauft seine liebevoll gedrehten Messingteile, die er »Isis-Beamer« nennt. Laut Werbebroschüre harmonisieren diese *»jegliche Art von negativer Strahlung, die das körpereigene Energiefeld beeinträchtigt«*. Schon das Design lässt sie offenbar zu Objekten der Begierde werden. »Isis-Beamer« gibt es in verschiedenen Größen: von der kleinen Ausführung für die Halskette bis hin zum beachtlichen Gerät, das vergraben werden kann, um die Erde zu heilen. Und Rudolf hat schon viele vergraben.

Im »Ochsen« ist Rudolf auch bekannt. Zu seinen Werbeveranstaltungen und Vorträgen muss der Wirt in den Salaten des kalten Buffets eben diese Beamer vergraben, um den Salat zu »harmonisieren«. Auch am Zapfhahn wünscht Rudolf Harmonisierung, weiß der Wirt zu berichten. Wie auch immer: Rudolf steht im Mittelpunkt. Er hatte den Kornkreis vorm Wohnzimmerfenster.

Im Saal ist wieder ein Tischkarree aufgebaut. Der hohe Rat des Vereins nimmt wie selbstverständlich am Kopf Platz. Ringsum schon bekannte und ein paar neue Gesichter. In der Mitte des Raumes steht ein Tisch mit einem professionellen Videoprojektor, dessen Belüftergeräusch die Spannung steigert. Den Projektor hat Udo fest im Griff, er schließt gerade seinen tragbaren Computer an. Udo ist ein alter Hase auf dem Gebiet der Kornkreisforschung und verbringt schon seit Jahren seinen Sommerurlaub in Südengland und wartet auf Kornkreise und UFOs.

Auch Udo hat einen Vortrag im Rahmen der Tagung vorbereitet: den Bericht über den neuen Internet-Auftritt des gemeinnützigen Kornkreisforschungsvereins. Auf der Leinwand erscheint eine ansprechend gestaltete Homepage mit aktuellen Zahlen und Daten. Da steckt viel Arbeit drin. Doch wie bei jeder Vereinssitzung melden sich Kritiker zu Wort, auch solche, die eigentlich nicht mit konkreten Vorschlägen aufwarten können. Udo nimmt das professionell gelassen. Und jetzt kommt sie: die Statistik mit den Zugriffen auf die Homepage. Es ist klar zu ersehen, wie viele Besucher der Homepage aus dem Vereinigten Königreich kommen, wie viele von der Deutschen Telekom, wie viele von AOL und wie viele aus dem Saarland. Und da gibt es auffallend viele. Florian erschrickt. Sollte er bereits als saarländischer Vielsurfer enttarnt sein? Wissen die Leute vom Verein womöglich noch mehr über seine Wege im Internet? Doch es ist anders. Die meisten Internetzugriffe kommen von der Universität in Saarbrücken. Dort gibt es eine Fakultät, an der der international bekannte Kornkreisforscher und Buchautor Thomas Maier studiert, jedenfalls dann, wenn er nicht in einem Naturkostladen arbeitet. Dieser junge Mann und Florian wohnen zufällig in derselben Stadt, mehr nicht.

Neben Florian sitzt Julius Suess, der Mann, der bei der letzten Tagung die verblüffenden Berechnungen präsentiert hatte. Auf der anderen Seite sitzt Piet. Er ist mit Joachim Allgeier aus Norddeutschland angereist. Florian und Piet verstehen sich sofort: Die Kornkreise aus einem Landstrich nahe der Ostseeküste in Schleswig Holstein, der von den Einheimischen kurz »Angeln« genannt wird, seien von ihrer Ästhetik unübertroffen und seien ansprechende Kunstwerke. Und das, was bislang an Kornkreisforschung geleistet werde, sei unprofessionell und bedürfe dringend neuer Impulse. Alleine der Umgang mit den wertvollen Informationen über neu entdeckte Kornkreise, die dem Verein zugetragen würden, beschäme. Es müsse also ein einheitlicher Fragebogen her, aus dem alle wichtigen Fakten hervorgehen, die bei der Entdeckung eines Kornkreises für die Forschung wichtig sein könnten. Florian und Piet bieten dem Verein an, sich um die Erstellung des Fragebogens zu kümmern. Er wird auch realisiert, später aber so gut wie nie benutzt.

Dann ist Allgeier an der Reihe. Er berichtet, untermalt von eindrucksvollen Luftfotografien aus seinem Doppeldecker, von den Kornkreisen in Schleswig-Holstein. Gut ein Dutzend Kreise hat es dort im letzten Jahr gegeben. Und Harald fragt sich: Macht Allgeier die Kreise selbst oder kennt er die Kornkreismacher? Allgeier berichtet davon, dass er gerne in Schleswig-Holstein eine ähnliche Szene wie in England sehen würde. Oder gar eine Szene, wie sie sich gerade in Kassel entwickelt?

Während der Mittagspause gibt es Schnitzel in allen Variationen, Pommes, Dame Blanche – Essen, das schwer im Magen liegt, weshalb Florian vor dem nächsten Vortrag eine halbe Stunde schlafen muss. Denn dann kommt Rudolf und sein Vortrag soll gute zwei Stunden dauern. Rudolf ist nicht allein angereist. Seine Partnerin sitzt wortlos neben ihm, während er auf dem Overheadprojektor eine Folie nach der anderen auflegt. Der Ordner, in dem die Folien sauber abgelegt sind, ist dick! Das lässt Schlimmes erahnen ... Rudolf erzählt ohne erkennbaren Zusammenhang von Erdenergien, von der Geometrie der Kreise, von »Chakren«, jenen sieben Energiezentren des menschlichen Körpers, und von »geomantischen Linien«, den Lebensadern unserer Erde. Auf der Leinwand erscheinen unzählige Fotokopien aus Büchern und selbstgemachten Skizzen. Alles ohne nachvollziehbare Legenden und Zusammenhänge. Wie befürchtet ist der Vortrag schlicht todlangweilig. Aber die Zuhörer sind freundliche Menschen. Sie verlängern die Ausführungen nicht unnötig durch Zwischenfragen und blicken aufmerksam auf den Referenten.

Florian langweilt sich, Harald dagegen hat ein anderes, schon bekanntes Problem. Er muss wieder häufig den Saal verlassen, der Lachdrang ist zu groß. Vor der Eingangstür ringt er mehrmals um Fassung. Oder aber auf der Toilette, wo er jedoch nicht allein ist. Denn in der Nebenkabine ist ebenfalls, ein Glucksen und Kichern zu hören. Wer hier sein Nachbar ist, konnte Harald nie erörtern. Und als Harald Heike auf dem Flur trifft, hat auch sie Tränen vor Lachen in den Augen.

Florian dagegen wird es jetzt zu bunt. Nach neunzig Minuten beschließt er, den unterbrochenen Mittagsschlaf fortzusetzen. Nach einer Stunde Tiefschlaf muss der Kreislauf wieder in Gang gebracht werden, weshalb Florian noch einen Spaziergang durch das hübsche Städtchen macht. Als Florian nach gut eineinhalb Stunden den Saal wieder betritt, redet Rudolf immer noch.

Die ersten Biere stehen in der Runde. Und nach vier Stunden ist der Vortrag dann tatsächlich vorüber. Harald ist enttäuscht, dass Florian den Kern des Referats nicht mitbekommen hat. Florian fragt nach und Harald berichtet, dass laut Rudolf Zierenberg das »Herzchakra der Erde« sei. Aha! Davon hatte Florian bei seinem kurzen Spaziergang allerdings nichts bemerkt.

Auch der Abend wird für Florian monoton. Nach dem Essen – irgendwie kommt ihm die Speisekarte schon bekannt vor – trifft man sich nicht etwa zu einem gemütlichen Umtrunk in der Gaststube, sondern wieder im Saal. Über Udos Videoprojektor werden Filme gezeigt, die die meisten offenbar schon kennen. Man freut sich zum wiederholten Mal darüber, dass in einer Sendung des »Offenen Kanal« von Kassel, die moderiert von journalistischen Laien über UFOs und Außerirdische berichtet, ein »galaktischer Kaiser« aufgetreten war. Der hagere Mann mit stechendem Blick berichtet über seine Aufgaben als Dimensionswächter und dass er einem Lichtkonzil unterstellt ist. Ein Mann, dem man wohl eher einen begnadeten Therapeuten wünschen sollte. Auch gab es eine Frau zu sehen, die vorgab, einst von einem UFO entführt worden zu sein und die als »Ion« im Weltraum unterwegs war und so zurück auf die Erde gefunden hatte. Bei ihrem Bericht blickte der verzweifelte Moderator Hilfe suchend in die Kamera. Das ist auch für Florian zuviel – er geht schlafen ...

Der nächste Morgen startet wieder mit selbstgemachter Aprikosenkonfitüre, Kaffee und den bekannten vier Männern ab 60 an der Theke. Irmgard betritt überglücklich lächelnd, mit funkelnden Augen und Julius Suess an ihrer Seite die Gaststube. Irmgard, Anfang fünfzig, hat eine große Tasche dabei. Im Saal holt sie aus der großen Tasche einen liebevoll geflochtenen Kranz und stellt ihn auf den Tisch. Dazu baut sie selbst gebastelte Schautafeln auf. Und dann erzählt sie der versammelten Kornkreisgemeinde, was sich in einer Nacht des Sommers 1991 auf einem Feld hinter ihrem Haus ereignet hatte: Auch dort war ein Kornkreis entstanden. Ein Ereignis, das ihr Leben völlig verändert hat. Die jahrelangen Folgen einer nie überwundenen Amalgamvergiftung schienen wie von Zauberhand geheilt. Irmgard hebt den mitgebrachten Kranz ein wenig an, damit er von den Kornkreisforschern in der Tischrunde gut gesehen werden kann. Er besteht aus Ähren, die sie damals dem Kornkreis entnommen hatte. Dieser Kranz, erzählt sie, stehe sonst zu Hause auf dem Büfett.

Auch schwört Irmgard auf ein Fläschchen mit einer Essenz, die ihrem Heilungsprozess ebenfalls förderlich war. Diese besteht aus Wasser, in dem Körner aus dem Kornkreis eingelegt waren.

Übrigens: Solche Essenzen gibt es auch heute noch in einschlägigen Geschäften zu kaufen. Erwähnenswert ist hier besonders der Buchladen von Avebury in Südengland. Avebury liegt inmitten eines mächtigen Steinkreises und ist alljährlich Anziehungspunkt tausender Mystik-Touristen. Gefesselt von der einzigartigen Magie des Ortes verfallen die Reisenden dort einem fast unerklärbaren Kaufrausch und erstehen neben farbenprächtigen Bildbänden über Kornkreise auch die schönen Postkarten von Lucy Pringle, Wünschelruten und eben jene Heilkraft versprechenden Essenzen. Ach ja, billig sind die nicht ...

Zurück zur Herbstversammlung. Der Höhepunkt der Tagung ist natürlich der Ausflug zu den mystischen Orten der Umgebung von Zierenberg. Vorbei an einem Hünengrab fährt die Gruppe zu einem alten Kultplatz mitten im Wald. Wie ein Zuckerhut steht dort eine Kuppe aus schwarzen Basaltsäulen. Mit etwas Klettergeschick erreicht man den 20 Meter hohen Gipfel. Hoch oben ist ein kleines Bassin eingemeißelt, das mit Regenwasser gefüllt ist. Werner sucht ein wenig in seinen Hosentaschen und zieht dann ein Kondom heraus, packt es aus und füllt es mit Wasser aus dem Kultbecken. Und Florian fragt sich, ob der Erdbeergeschmack des Gummis wohl Einfluss auf die Wirkung des heiligen Wassers haben wird.

1998

Das Getreide steht mannshoch. Es ist Tritikale, eine Kreuzung aus Roggen und Weizen. Seine Eigenschaften: hohes Wachstum wie beim Roggen und so stabil wie Weizen.

Es ist das Wochenende der Spiralen. In der vorherigen Nacht schon haben Heike, Harald und Mr. X bei Marburg eine riesige Spirale in ein Feld gelegt, nicht ganz ohne Probleme. Denn Mr. X war diesmal für das Einsatzfahrzeug zuständig. Und er hat, was ganz seiner Art entspricht, einen Defekt seines Fahrzeugs über Wochen hartnäckig ignoriert. Eine Schraube an der Schaltung, die schon lange dafür sorgte, dass die Schaltung klemmt, löste sich kurz vor Beginn der Aktion, so dass Schalten nicht mehr möglich war. Also musste der Defekt nachts mit Taschenlampe auf einem Feldweg repariert werden, was Haralds Nerven aufs Extremste spannte. Doch das war noch nicht das Ende aller Aufregung. Als die Arbeit geschafft war und eine große Spirale im Feld neben der Stadtautobahn lag, näherte sich dem Feldweg ein Fahrzeug. Nervosität brach aus. Denn Mr. X hatte nicht nur den in der Nacht reparierten Defekt der Schaltung ignoriert, sondern auch seinen defekten Anlasser. Doch der Anlasser war gnädig – die Flucht gelang.

Jetzt stehen die drei also mitten im Tritikale-Feld und beginnen ihre Arbeit. Diesmal soll es eine Doppelspirale sein. Auch hier ist der Platz so gewählt, dass die Formation später von der Autobahn aus leicht zu sehen sein wird. Die Gruppe hofft auf eine schnelle Entdeckung ihres Kornkreis. Die Arbeit geht schnell von der Hand und auch das Einsatzfahrzeug lässt sich schalten und lenken. Allerdings, ein Radlager signalisiert einen Defekt, was sich durch jammerndes Pfeifen und Ächzen bemerkbar macht. Es ist weit nach Mitternacht. Und das Fahrzeug, das die Gruppe eigentlich unauffällig zum Nachtlager bringen soll, macht genau das Gegenteil. Es fällt auf! Und wieder liegen bei Harald die Nerven blank. Mr. X dagegen bleibt gelassen und Heike glaubt ohnehin, dass niemand einen Zusammenhang herstellen wird zwischen dem lauten Auto und den Kornformationen. Diese Auffassung hat sie inzwischen von Tom übernommen.

Der Kornkeisforschungsverein hatte die Pleite des Pool-Projektes vom Vorjahr zum Jahresbeginn 1998 einigermaßen verdaut, auch wenn Benjamin, der Mann, der die Regenwürmer gewaschen hatte, wenig Einsehen zeigte. Er und der Biologe Benny fanden ihre Arbeit nach wie vor fundiert. Harald, als Vorsitzender, formulierte inzwischen klar seine Auffassung zu dem Experiment, er machte aus seiner Erkenntnis des Vorjahres keinen Hehl. Und so kam auch der eine oder andere des Forschungsvereins ins Grübeln und so wurde eine Neuauflage des Projektes mit dem sinnigen Titel »Re-Pool« vorgeschlagen. Diesmal übernahm Tom die Projektleitung. Und diesmal war schon sehr früh ein geeignetes Feld gefunden. Erich, dessen Vater Landwirt ist, erklärte sich gegen entsprechende Bezahlung bereit, einen Teil seiner Feldfrucht für das Experiment zur Verfügung zu stellen. Tom nahm die komplette Konzeption in die Hand. Und niemand im Verein ahnte, dass das nicht der erste Kornkreis sein sollte, den er produzierte.

In der »Re-Pool-Nacht« lief alles recht diszipliniert ab. Eine recht große Formation entstand. Die Qualität der Formation war dürftig. Aber es war ja die »erste« Formation unter Leitung von Tom. Einige ausgewählte Beobachter waren um das Feld verteilt, so auch wieder Benjamin, der Verantwortliche für die Projekte des Vereins, der darauf bestand, diese Formation mit Schildern als Menschenwerk zu kennzeichnen. Er war der einzige, der das wollte ...

Mit der Doppelspirale, einigen durchaus beachtlichen Formationen, die Mr. X in Alleingängen ins Feld gepresst hatte und mit dem »Re-Pool«-Kornkreis, war die Kornkreissaison 1998 bei Kassel wieder voll im Gange. Es wurde gemessen, geforscht, theoretisiert und spekuliert, was das Zeug hält. Wie zu erwarten war, wurde die Experimentalformation weitestgehend ignoriert, denn jeder wusste, sie war von Menschen gemacht.

Besuch aus Amerika hatte sich angekündigt! Hoher Besuch, Corinne Turner vom »PGT-Research-Team«, einer Gruppe von Mikrobiologen um einen gewissen Professor Greenwood. PGT hatte schon vor einigen Jahren herausgefunden, dass bei Getreidehalmen aus Kornkreisen Veränderungen in der Zellstruktur festzustellen sind. Die Wachstumsknoten verdicken sich oft so sehr, dass sie platzen. Zudem sind auch Veränderungen im mikrobiologischen Bereich festzustellen. Im Kreis der Cereologen werden PGT und Corinne Turner angehimmelt. Das Team, bestehend aus teils promovierten Biologen, gibt der Kornkreisforschung einen Anstrich der Seriosität.

Kontaktmann zu PGT in Deutschland ist Thomas Maier. An einem Juli-Tag trifft er zusammen mit der Dame aus Amerika bei den Kornkreisen bei Kassel ein. Harald hatte zwar vorgeschlagen, der Biologin aus Amerika auch die Experimental-Formation zu zeigen, ohne allerdings zu offenbaren, dass diese handgemacht sei. Doch dazu reicht leider die Zeit nicht. Corinne kann nur die Doppelspirale untersuchen. Auch gut. Denn zu viele Kornkreisenthusiasten wollen sich noch zusammen mit dem hohen Besuch aus Amerika fürs Familienalbum ablichten lassen. Und das braucht auch seine Zeit. Aber immerhin, aus der Doppelspirale werden Unmengen von Getreide- und Bodenproben entnommen. Erst nach Monaten der Trocknung werden sie nach Amerika zur Analyse geschickt.

Erst im Herbst 1999 kommen die Ergebnisse. PGT kommt zu dem Schluss, dass die Doppelspirale nicht von Menschen gemacht sein kann, denn es gibt zahlreiche Anomalien an den Getreidehalmen und in den Bodenproben. Die Wachstumsknoten der Getreidehalme waren verdickt, die noch stehenden Pflanzen am Rande der Formation zeigten Veränderungen gegenüber den Kontrollproben aus dem restlichen Feld. Hier scheint uns nun ein kleiner Exkurs in die Pflanzenphysiologie angebracht.

Unter Gravitropismus und Phototropismus verstehen Biologen das Bestreben von Pflanzen weg von der Erdanziehung, hin zum Licht zu wachsen. Wird ein Getreidehalm umgelegt und bleibt dabei unbeschädigt, versucht der gedemütigte Stengel sich wieder aufzurichten. Dies geschieht, in dem sich die Wachstumsknoten auf der einen Seite überstrecken, quasi wuchern, um den Halm weg von der Erdanziehung, hin zum Sonnenlicht aufzurichten. Dies gelingt ihm, verunstaltet durch überproportionale Wachstumsknoten. Diese können so überproportional sein, dass sie platzen. Dass dabei auch Zellverändungen im Inneren des Pflanzengewebes stattfinden, erscheint logisch und wird durch Biologen bestätigt. Die Halme bleiben trotz Umlegung bei saftigem Getreide unbeschädigt, da der schwächste Punkt des Halmes im Wurzelwerk liegt und dieser sich, ohne zerstört zu werden, dem Druck der Bretter der Kornkreiskünstler beugt. Und dadurch, dass sich der Ein-

Ein typischer Halm aus einem Kornkreis.
Die Pflanze richtet sich zum Licht hin auf.

fall der Sonnenstrahlung für das noch stehende Getreide am Kornkreisrand ändert, verändern auch diese Halme ihr Wachstum.

PGT aber hat eine andere Theorie. Man ist der Meinung, dass die Veränderungen durch den Einfluss starker Mikrowellenstrahlung zustande kommen, jener Strahlung, die diese komplexen Formationen entstehen lasse. Wer oder was dahintersteckt, lässt PGT offen. Aber die Kornkreisfundamentalisten füllen mit ihren vielfältigen Theorien diese Lücke. Und dann sind da noch die Bodenproben. Erhöhtes Vorkommen von Schwermetallen! Spektakulär! Erhöht im Vergleich wozu? Solche Fragen stellen nur unverbesserliche Ketzer. Die Formation lag übrigens neben der Autobahn, wo sollen da Schwermetalle herkommen?

Doch das sind noch nicht alle spektakulären Ergebnisse der Untersuchung. PGT betont wiederholt, dass alles kritisch hinterfragt werden müsse. Also wurden auch Proben aus einem Windbruch in der Nähe der Doppelspirale entnommen und untersucht. Und siehe da: Auch dort wurden ähnliche Ergebnisse festgestellt. Was für die Forschergruppe nicht etwa der Beweis dafür ist, dass es sich um einen ganz natürlichen Vorgang handelt. Nein, das PGT-Team zieht aus der Übereinstimmung der Ergebnisse den Schluss, auch der Windbruch müsse übernatürlich entstanden sein! Hatte nicht auch schon ein Forscher aus Schleswig Holstein ungeometrische Großformationen mit der Wünschelrute untersucht und signifikante Energien festgestellt? Endlich steht für die Forschergemeinde fest: Windbruch ist nicht gleich Windbruch. Auch hier seien manchmal unbekannte Kräfte am Werk.

Die Doppelspirale, die Heike, Harald und Mr. X ins Feld gedrückt hatten, wurde von PGT als logarithmische Spirale interpretiert. Da das Seil bei der Arbeit von einer Tonne abgewickelt worden war, handelte sich aber wohl eher um ein absolut lineares Werk. Dennoch folgten die meisten Kornkreisfanatiker der Sichtweise des PGT-Teams. Man glaubt eben, was man glauben will ...

Die drei Kornkreismacher beschließen, sich weiterhin auf die Zunge zu beißen, aber etwas Skepsis in Bezug auf das PGT-Team bei dem Forschungsverein zu säen. So wollen sie die PGT-Feststellung, es handle sich um eine logarithmische Spirale, noch genauer hinterfragen.

Es gibt zu diesem Zeitpunkt noch einen zweiten bedeutenden Kornkreisschauplatz in Deutschland. Im Land Angeln, an den Ufern der Schlei in Schleswig Holstein tauchen auch in diesem Jahr wieder Getreidemuster auf. Joachim Allgeier, den wir schon aus den zwei vergangenen Jahren durch seine Vorträge und seine Berichterstattung im VFK kennen, ist auch dieses Jahr wieder Ansprechpartner Nummer 1 vor Ort.

Die Gerüchteküche brodelt. Wer steckt hinter den Kornkreisen in Schleswig-Holstein? Gibt es tatsächlich irgendeinen Zusammenhang mit den Machern der englischen Kornkreise? Korrespondieren die Motive von Angeln mit den englischen Motiven? Aber: Hatte Allgeier nicht selbst gesagt, er beobachte und fördere die Entstehung einer Kornkreis-Infrastruktur experimentell in seiner Heimat? Hatte er nicht sogar schon ein Gasthaus zum Angelner Kornkreis-Pub erkoren? All dies gilt es in Augenschein zu nehmen, als sich eine Delegation des VFK im Juli 1998 auf den Weg macht.

Florian hat bis zu diesem Zeitpunkt noch nie einen Kornkreis mit bloßen Augen gesehen, er kennt diese Gebilde bislang nur von Fotos und den Beschreibungen seiner Vereinskollegen. Noch immer ist er fasziniert von der Perfektion und der mystischen Ausstrahlung, die von den Gebilden im Korn ausgeht. Vom Bahnhof Neustadt holen ihn Harald und Heike ab, um sich mit einem komfortablen Campingbus auf den Weg nach Kassel zu machen. Auf halber Strecke nach Angeln liegt nämlich noch immer die unberührte Formation des

Projektes »RE-Pool« im Feld. Und die soll nicht »echt« sein? Für Florians Auge liegt da eine absolut perfekte Geometrie im Feld. Harald hat eine ausziehbare Stange dabei, gut 3 Meter lang. Am oberen Ende schraubt er seinen Fotoapparat fest und startet den Zeitauslöser. Das Luftbild des Kornkreises ist im Kasten.

Später erfährt Florian, dass die Kornkreisszene einen eigenen Wortschatz mit Fachbegriffen besitzt, die man in keinem Lexikon nachschlagen kann. Die Fotografie mit der langen Stange zum Beispiel nennt man »Poleshot«. Man sagt »Leylines« zu geomantischen Energielinien (was immer das auch sein mag ...), »Underlying Footpath« zu einer etwa einem Fuß breiten Konstruktionslinie unter dem niedergelegten Korn. Und ein »Cereologist« ist ein Kornkreisforscher, der schon am »Flow« (Halmlagerung) der niedergedrückten Halme sehr wohl zwischen »echt« und »manmade« zu unterscheiden weiß. Vorbeifliegende Käfer, Motten und Mücken, die zufällig ins nächtliche Blitzlicht eines Fotoapparates geraten, heißen »Light-Orbs« oder »Plasmakugeln«. Leute, die daran glauben, sind »Believer«. Diejenigen, die nicht daran glauben und Kornkreise von Hand anlegen, sind »Hoaxer« (Spaßvögel). Egal ob »bent but not broken« (gebogen, nicht gebrochen), man spricht nicht mehr

Ein »Poleshot«.

von »Kornkreisen« sondern von »Formationen«. Und eine Zeichnung von einer solchen Formation ist ein »Sketch«. Und wenn sich ein Cereologist nicht sicher ist, ob er die Formation richtig verstanden hat, nennt man sie »preliminary sketch«. Doch zurück zu den »Croppies«, den Kornkreis-Fans:

Nach langer Fahrt kommen die Vier am Flugplatz von »Kropp« an. Sie lachen, erinnert doch der Name »Kropp« sehr an das englische Wort »Crop« (Korn). Zudem steht neben einem Hangar eine riesige Walze aus Metall. Diese diente doch wohl nicht dem rätselhaften Macher der Kreise als Werkzeug?

In einer Halle treffen sie schon bald Joachim Allgeier, der gerade an seinem selbst gebauten Doppeldecker werkelt. Er hat die Vier schon erwartet und bittet sie in seinen Wohnwagen. Den hat er am Rand der Landebahn dauerhaft geparkt. Fotos werden gezeigt, die er aus seinem Doppeldecker von den Kornkreisen gemacht hat. Auf seiner Landkarte sind einige Felder mit Kreuzen markiert, in denen Kornkreise entdeckt worden sind. Auf den Besuch ist er bestens vorbereitet. Da er in seinem hölzernen Doppeldecker nur eine einzige Person mitnehmen kann, organisiert er einen Flug mit einer mehrsitzigen Maschine, einer Cesna. Allgeier selbst fliegt mit seiner Maschine und hält Funkkontakt zu der Cesna.

Die beiden alten Hasen Harald und Heike lassen Florian vorne sitzen, da er erstmals wirklich echte Kornkreise aus der Luft zu sehen bekommen soll. Und die Bilder sollen schließlich gut werden. Nach wenigen Flugminuten nimmt Allgeier Funkkontakt mit dem Piloten der Cesna auf. Meising, so heißt er, erwidert auf die Frage nach der Position der Cesna, dass sie gerade über die Schlei geflogen seien und jetzt bei klarer Sicht auf die Formation Nr. 4 zuflügen. Allgeier gibt den Tipp, geradeaus weiter zu fliegen, dann

Die Walze am Flugplatz Kropp. Für den Einsatz im Feld sicher zu unhandlich ...

käme sofort Formation Nr. 9. Und Meising funkt zurück, dass er Formation Nr. 9 schon sehe.

Die drei Passagiere sind von den guten Augen und dem geschulten Blick des Piloten zutiefst beeindruckt. Hatte er doch nach eigenem Bekunden noch nie einen Kornkreis gesehen. Und jetzt erkennt er sie alle sofort. Und das, obwohl für die Passagiere aus dieser Höhe kaum etwas zu erkennen ist.

Für Florian kündigt sich nun der große Augenblick an, den ersten »nicht von Menschen gemachten« Kornkreis zu sehen. Und tatsächlich: Formation Nr. 4 wirkt wunderschön! Unter dem Flugzeug liegt ein formschön geschwungenes Gebilde im Korn. Ganz anders als die Piktogramme, die er von Fotos aus Südengland kannte. Kreise sind mit wellenartigen Pfaden verbunden und ergeben für den Betrachter einen bezaubernden Anblick. Meising dreht zwei Runden und Florian macht einen halben Film voll. Alle Fotoapparate im Flugzeug klacken und Florian ist nervös – es gilt schließlich, einen historischen Moment festzuhalten. Zielstrebig macht sich Meising nun auf den Weg in Richtung »Nummer 9«.

Einquartiert ist Florian in der »Pension Egge«. Die freundlichen Gastgeber betreiben ein kleines beschauliches Haus, in dem inzwischen schon weitere Mitglieder des VFK angekommen sind: Alexander, der Pressesprecher, ausnahmsweise einmal nicht in Anzug und Krawatte, mit seiner sympathischen Frau Iris. Sie machen ein paar Tage Fahrradurlaub in Angeln. Auch Gerd ist schon da. Er hat auf seinem Auto eine Klappleiter festgezurrt. Jörg hat sich ebenfalls schon einquartiert, und Piet ist im Keller des Hauses untergebracht.

Der »Mühlenkrug«, so hat es Joachim Allgeier vorgeschlagen, soll das künftige Angelner Kornkreis-Pub werden. Doch das künftige »Croppie-Zentrum« Norddeutschlands erweist sich als Flop. Denn warme Küche gibt es nur mittags und das Lokal schließt auch schon um 20 Uhr. Im Nachbarort findet sich dann aber doch noch eine Kneipe für den geplanten gemütlichen Abend. Und zu Essen gibt es auch noch etwas.

Später stößt auch noch Jürgen zur Gruppe, ein

Die Formation Nr. 5/98 in Angeln.

Croppie der ersten Stunde. Jürgen war es gewesen, der in England zahllose Nächte in einem Wohnwagen am Rand eines Feldes in England zugebracht hatte, um jeden Laut, der über eine Spezialantenne zu vernehmen war, mit einer aufwändigen Apparatur einzufangen und schließlich mit einem Kassettenrekorder aufzunehmen. Er war es, der eine Ring-Antenne um ein großes Feld herum eingraben wollte, in dem immer wieder Kornkreise aufgetaucht waren. Die immensen Kosten hinderten ihn damals jedoch an der Durchführung des spektakulären Projekts. Hunderte Kassetten warten noch heute auf eine wissenschaftliche Auswertung. Florian ist beeindruckt von dieser Arbeit.

In der Nacht kann Florian nur schlecht einschlafen. Wieder gibt es viele neue Eindrücke zu verarbeiten. Und jedes noch so kleine Geräusch in der Totenstille der dörflichen Nacht lässt den Städter immer wieder aufhorchen. Hallo ... ist da jemand?

Bei strahlend blauem Himmel macht sich die Gruppe am Morgen auf in die Felder. Die Formationen, die aus der Luft zu sehen waren, sind auch am Boden noch wunderbar anzuschauen. Gerd streift beim vorsichtigen Gang durch die Traktorspur ehrfürchtig über die grünen Halme, die er links und rechts ertasten kann. Ein erhebender Augenblick für alle. Da stehen sie nun in einer der schönsten Formationen, die sie je gesehen haben. In »Nummer 4/98«! Joachim und Piet hatten begonnen, die Kornkreise nach Jahreszahl und Reihenfolge der Entdeckung zu katalogisieren, daher die Namen. In »Nummer 4/98« richten sich die Halme schon wieder leicht auf. Die Schaulustigen, die der Formation zuvor einen Besuch abgestattet hatten, haben nur wenig Schaden angerichtet. Gut für den Landwirt, denn die Halme können weiter wachsen und lassen sich mit dem Mähdrescher wieder aufnehmen. Heike verweilt noch kurze Zeit andächtig am Rand des Kornkreises, während die anderen schon zum Auto gehen.

Jörg und Gerd sitzen bereits im Wagen und inspizieren die Karte, die ihnen Joachim Allgeier ausgeliehen hat.

Seltsam, es sind offensichtlich weit mehr Kreuze auf der Karte eingezeichnet, als es Kornkreise gibt. Das macht die Tourplanung etwas schwierig. Aha, Allgeier hat die Jahrgänge farblich gekennzeichnet. Also sind auf der Karte auch Felder eingezeichnet, in denen in den Vorjahren Kornkreise lagen. Aber was sind das für Kreuze, an denen keine Nummern stehen? Sollten hier etwa auch Kornkreise liegen, von denen man noch nichts weiß? Oder waren da gar welche in Planung? Die Augen werden immer größer. Scheinbar auch die von »Kartoffelauge«. So unvorsichtig konnte Allgeier doch nicht sein, eine solch brisante Karte aus der Hand zu geben, oder?

Weiter geht es zur »Formation Nr. 9«. Wenn auch die sachlichen Nummern der Formationen an erlesene Parfüms von Chanel erinnern, wirkt »Nr. 9« eher verspielt und frei improvisiert. Die Gruppe lässt sich dadurch aber nicht die Laune verderben. Gerd nimmt die Leiter von seinem Autodach. Gemeinsam trägt man sie ins Feld und stellt sie am Rand von »Nr. 9« auf. Reihum darf jeder mal nach oben klettern und Fotos machen.

Nach mehreren Kornkreisen treibt der Hunger die Forscher ins nahegelegene Süderbrarub. In einer rauchigen Kneipe wird das Erlebte ausgetauscht. Und ein Verdacht entsteht: Steckt Joachim Allgeier hinter den Kreisen? Kann nicht sein,

Cereologen bei der Arbeit.

meinen die meisten, der ist viel zu seriös. Kann er sich ja auch nicht erlauben, hier kennt ihn jeder. Und der, der sich in der Presse zu dem Mysterium äußert, wird wohl kaum selbst der Urheber sein, oder?

Noch bevor sich erste Ermüdungserscheinungen breit machen, kommt aus der Runde der Vorschlag, noch heute loszuziehen, um selbst einen Kornkreis anzulegen. Der Vorschlag stößt nicht bei allen auf Begeisterung. Aber mitmachen wollen dann doch alle, und so brechen sie bei Regen auf zu einem großen Feld.

In den Autos finden sich schnell improvisierte Werkzeuge, mit denen das Korn plattgedrückt werden kann. Die Gruppe um Heike, Gerd und Jörg verschwindet gickelnd in der Dunkelheit. Harald und Florian bleiben als Wachposten zurück und sollen Alarm schlagen, wenn der Landwirt oder die Polizei erscheinen sollten. Harald fordert Florian auf mitzukommen. Er zieht zielstrebig das Bein eines Campingtisches hervor. Harald meint, es sei ganz einfach mit den Kornkreisen. Zögerlich kommt Florian mit. Es wird ein Freihand-Kornkreis, kaum fünf Meter groß. Florian will auch mal. Schnell ist das Handwerk erlernt und es macht riesig Spaß. Angespannt von den nächtlichen Strapazen sinken die beiden im Campingbus auf die Polstersessel. Von den anderen ist noch nichts zu sehen und zu hören. So einfach ist das also, einen Kornkreis zu machen. Harald erklärt, dass das in England auch nicht viel anders funktioniere. Florian ist verblüfft. Ein Holzbrett und eine Schnur sind also das einzige Werkzeug, das man braucht, für die perfekte Geometrie im Korn?

Harald ahnt bereits zu dem Zeitpunkt, dass die eben entstandenen Formationen, obwohl sich diese in das Gesamtbild der Angelner Kornkreise gut eingliedern, anders beurteilt werden würden. Er mutmaßt, dass der Entdecker und Macher der übrigen Formationen natürlich diese fremden Gebilde entsprechend gesondert behandeln würde. Und so ist es. Florians Erstlingswerk findet sich später unter der Nummer 12/98 im Internet wieder, mit folgender Erläuterung: *»Forma-*

tion 12‹ liegt im selben Feld wie die ›Formationen 10/98‹ und ›13/98‹. Es handelt sich höchstwahrscheinlich, wie auch bei ›Formation 11/98‹, um einen handgemachten Kornkreis. Es fanden sich bei der vermutlichen Erstbegehung deutliche Fußspuren von zwei Personen. Die Legung des Getreides ist nicht besonders schön. Möglich ist, dass ein Kreis bereits vorhanden war und die Formation dann verfälscht wurde. Windschäden lassen die Formation ebenfalls nicht besonders schön aussehen.«

Inzwischen waren übrigens auch die Macher von »Nummer 11/98« klatschnass zurückgekehrt, prustend vor Lachen. Und ein schottischer Malt-Whisky stand auch schon offen im Bus.

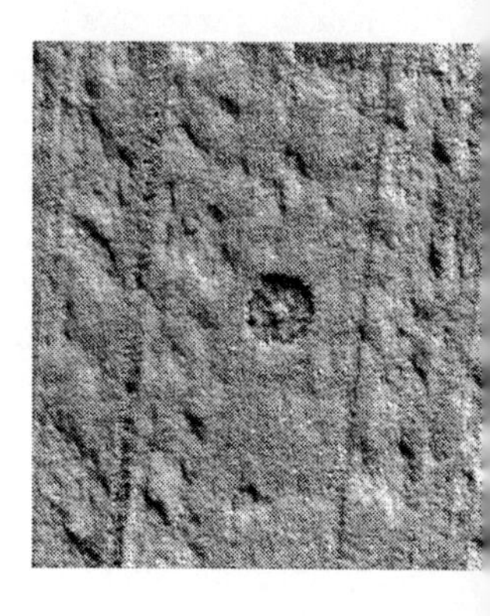

Florian ist fasziniert und gleichzeitig verwirrt von den Erlebnissen seiner Fahrt nach Schleswig-Holstein, dem Besuch des Re-Pool-Kreises in Kassel und vor allem dem nächtlichen Erlebnis in einem Angelner Kornfeld mit dem Campingtischbein. Das merkt Harald bei den intensiven Telefonaten, die in den kommenden Tagen und Wochen folgen. Florian ist der einzige der Gruppe, die nachts in Angeln aktiv gewesen war, dem Harald vertraut und dem er die Fähigkeit zutraut, aus dem Erlebten Rückschlüsse zu ziehen. Harald missfällt, dass Gerd und Jörg bei der Aktion mitgemischt hatten. Beide hält er für Risikofaktoren.

Harald diskutiert die Entwicklung mit Heike und Tom und gibt dabei zu bedenken, dass Florian allmählich den Braten rieche. Heike und Tom sehen das nicht so. Harald dürfe Florian einfach keine weiteren Anhaltspunkte geben, dann würde dieser die Zusammenhänge auch nicht kapieren. Und Florian einweihen? Tom ist strikt dagegen.

Ein einzelner Kreis in verblühtem Raps.

Doch dann ist der Point of no Return doch gekommen. Harald klärt im Verlauf eines langen Telefonats Florian über seine Position in der Kornkreisszene und über die Geschehnisse hinter den Kulissen auf. Für beide ein wegweisender Augenblick. Für Florian bekommt die »Sache Kornkreise« eine neue Qualität. Für Harald ist es der Moment, in dem er den Unmut von Tom auf sich zieht. Das Klima zwischen den beiden Kornkreismachern ist gestört.

Doch die Karten für die kommende Saison sind neu gemischt. Neue Personen sind mit im Bunde, was, wie Harald schon damals vermutet, neue Dynamik in die Szenerie bringen wird.

Und selbstverständlich gibt es nach dieser spannenden Kornkreissaison auch wieder ein Versammlungs- und Tagungswochenende des VFK. Getragen wird die Berichterstattung an diesem Wochenende von den Ereignissen um Kassel und den Berichten aus dem hohen Norden der Republik. Neben Joachim Allgeier ist aus dem Norden wieder Piet angereist und diesmal auch Franco, ein Künstler aus Lindaunis, der sich seit dem Auftauchen der Kornkreise an der Schlei intensiv mit diesen beschäftigte. Sein Buch zu den mathematischen Auswertungen der Getreidemuster ist rechtzeitig vor der Sitzung erschienen. Der Vortrag von Franco wird zu einem großen Tagesordnungspunkt. Er berichtet über Korellationen zwischen den einzelnen Formationen, mathematischen Zusammenhängen, mysteriösen Begebenheiten und und und ... Viel verstanden hat wohl niemand. Und auf Fragen reagiert der Referent dann deutlich genervt mit dem Hinweis, man solle doch einfach sein Buch lesen, dann würde man schon verstehen.

Erfreulicher und griffiger ist da schon der Vortrag von Michael, der, wie in so vielen Sommernächten, mit seiner Spiegelreflexkamera unterwegs gewesen war, als mutmaßlich die Doppelspirale entstand. Eigentlich wollte er Plasmakugeln fotografieren, sah aber dann in Richtung des betreffenden Feldes nur einen Wirbelschlauch am Himmel stehen. Einen Wirbelschlauch, der sich oben abknickte. Michael simuliert mit seinem Arm in eindrücklicher Weise den Wirbelschlauch, die abgewinkelte Hand symbolisiert das Abknicken. Und Wirbelwind? Ja, das passe ja gut zu Kornkreisen! Harald fasziniert erneut die Authentizität, mit der Michael seine Erlebnisse schildert. Auch wenn die Doppelspirale in einer ganz anderen Nacht entstanden ist.

Erheblich nüchterner ist dann doch der Vortrag von Allgeier aus Angeln. Wie schon in den vergangenen beiden Jahren berichtet er sachlich über die Ereignisse in und um die Felder an der Schlei, präsentiert seine akribische Dokumentation. Was Harald aufhorchen lässt, ist, dass er sich mit der Interpretation einer der letzten Formationen schwer tut. Bevor zwei Formationen entdeckt wurden, die nach dem Dafürhalten von Allgeier so gar nicht in das Schema passten, gab es eine Formation, bei der scheinbar ein Wesen einen Kornkreis zerbeißt. Ihn wegbeißt, verjagt. Das interpretiert Harald spontan so: Es wird in Angeln keine Kornkreise mehr geben. Das Experiment von Joachim Allgeier ist abgeschlossen. Und Harald wird Recht behalten ...

1999

Es ist Freitag und das Getreide hat genau den richtigen Reifegrad erreicht. Tom, Heike und Harald sind unterwegs nach Kassel, mit dabei ist ein neuer Mann im Bunde: Alexander. Tom hat ihn eingeladen, weil Alexander wie Florian die Szene durchschaut hat und nun bereit ist mitzumachen. Tom hatte natürlich autokratisch entschieden, Alexander einzuweihen ...

So gehen die vier ins Feld: Alexander quasi als Novize. Diesmal ist Großes geplant, Tom will das so, denn ihm scheint die Zeit von klein und fein vorbei zu sein. Doch die Formation wird nicht vollendet, zu groß waren die Pläne. Gearbeitet wird mit hohem Risiko. Das Auto ist in nächster Nähe eines Aussiedlerhofes direkt am Feld geparkt. Tom meint, es kapiert eh keiner!

In der Nacht von Samstag auf Sonntag soll dann ein weiterer Kornkreis entstehen auf einem anderen Feld. Doch als die Vier mitten im Korn stehen, ist zunächst kein Arbeiten möglich. Auf einer Schafweide unterhalb des Feldes ist lautes, verzweifeltes Geblöke von Schafen zu hören. Den vieren ist klar: Da stimmt was nicht! Harald und Alexander schauen nach und stellen fest, dass sich eines der wolligen Bündel in einem Weidezaun verfangen hat. Als das Tier befreit ist, herrscht endlich die nötige Ruhe für die konzentrierte Nachtarbeit. Ein Dreiecksgebilde und ein Kreis entstehen. Es ist die letzte Formation, die ein Team fertig stellt, in dem Heike, Tom und Harald zusammenarbeiten. Danach trennen sich ihre Wege. Neue Teams fügen sich zusammen.

Auch Mr. X war wieder tätig und alleine in den Feldern unterwegs. Und nicht nur in den Feldern, sondern auch um die Fluren herum. Denn er hatte eine ganz neue Idee, die er umsetzen wollte: Wer sagt denn eigentlich, dass Kornkreise immer exakt in einem Feld liegen müssen? Es könnte ja auch einmal sein, dass sich Aliens oder Energien verlaufen und somit ein Kornkreis an den Rand des Ackers gerät und somit nicht komplett im Feld abgebildet wird. Was würde beispielsweise mit einem Feldweg passieren, der eigentlich noch Bestandteil und Abbildungsfläche des Kornkreis sein müsste? Mr. X setzte hier die Theorie der Mikrowellen und starken Energien um und beschloss, dass die hastig angereisten Kornkreisforscher auf dem entsprechenden Asphaltweg Brandspuren finden sollten. Nachdem er zwei Drittel der Formation ins Getreide gedrückt hatte, packte er deshalb eine Lötlampe aus und versuchte das restliche Drittel in den Asphalt zu brennen. Eine geniale Idee, eigentlich, aber der Asphalt zeigte sich unbeeindruckt. Und der Kreis blieb ein Zweidrittelkreis.

Es gab also im Sommer 1999 eine Hand voll Kornkreise um Kassel herum. Natürlich wurden diese entdeckt. Es wurde gemessen und geforscht. Proben wurden entnommen. Es gab Theorien und Urteile über »echt« oder »falsch«.

Übrigens: nicht jeder Kreis wird sofort entdeckt. Das bringt so manchen Kornkreismacher an den Rand der Verzweiflung. Denn hat er ein sehr abgelegenes oder gar flaches Areal gewählt, kann es dauern, bis das Kunstwerk gefunden ist. Hin und wieder so lange, dass der Künstler befürchten muss, die Ernte kommt der Entdeckung zuvor. So helfen die Kornkreismacher der Entdeckung immer wieder selbst nach. Sie führen ein Doppelleben, spielen also zugleich auch noch Kornkreisforscher. Und das eröffnet natürlich vielfältige Möglichkeiten. So können sie immer wieder ihre eigenen Kreise entdecken und gemeinsam mit den Forscherkollegen untersuchen. In diesem Punkt sind sich die Kornkreismacher auch mal gerne untereinander behilflich. Kann ja nicht immer derselbe seine eigenen Kreise entdecken. Besonderes schauspielerisches Talent ist erforderlich, wenn man von befreundeten Kornkreismachern Tipp und genaue Wegbeschreibung bekommen hat, auf der Suche mit den anderen Forscherkollegen aber dann so tun muss, als suche man wirklich. Und wenn die Forscherkollegen gar einen annähernd kreisförmigen Windbruch für die gemeldete Formation halten, dann muss man natürlich zunächst einmal mitforschen, um dann aber sanft darauf hin zu wirken, dass dieses Gebilde natürlich nicht die gesuchte Formation sein kann. Die Situation wird dann besonders grotesk, wenn eine Kornkreisforscherin so euphorisch auf einen Windbruch reagiert, dass sie gleich mit indianischen Tänzen und Gesängen beginnt. In diesem speziellen und auch seltenen Fall lag der gesuchte Kornkreis zum Glück bereits in Sichtweite. Und so konnte die Forscherkollegin doch schnell überzeugt werden, ihre Tänze ein paar Meter weiter zu verlegen.

Die Felder waren abgemäht. Es wurde Spätsommer und damit kam die Zeit, in der zuvor als unecht eingestufte Kornkreise doch noch echt werden können. Denn mit der Ernte verschwinden viele Beweise einer menschlichen Verursachung – zum Beispiel Fußspuren. Mythen entwickeln sich um einzelne Kornkreise, so wie in jedem Jahr. Forscher stufen immer ein paar Kornkreise als von menschen gemacht ein, denn als seriöser Cereologe will man sich ja als durchaus kritisch eingestellt erweisen. Und mit dem Prädikat »von Menschen gemacht« stellt der Cereologe gerne seine Objektivität, Offenheit und Weitsicht unter Beweis. Doch das Urteil ist wandelbar. Berichtet zum Beispiel ein »Medium«, es habe schon Tage oder Wochen vor der Entdeckung der Formation eine Vision gehabt, in der genau jener Kornkreis vorkam, dann werden ganz schnell ein paar Fußspuren, die ursprünglich mutmaßlichen Kornkreismachern zugeschrieben wurden, zu Fußspuren der Entdecker oder von ersten Besuchern. Und schon ist der Kreis »echt«! Und so werden pünktlich zur Herbstversammlung des VFK schnell noch ein paar Kornkreise echt geredet. Mit wem das Medium jedoch zuvor bei Kaffee und Kuchen diskutiert hat und über seine Visionen sprach, wird nicht hinterfragt ...

Florian reist diesmal mit Gabriel aus St. Ingbert an, dem er schon des Öfteren von den Sitzungen erzählt hatte, und davon, was die Besucher aus den Kornkreisen machten und sich von ihnen erhofften. Er hatte davon gehört, dass es einen Mann gibt, der versucht, mit dem Flugverhalten der Stubenfliege Licht in das Geheimnis der Kornkreise zu bringen. Und Gabriel hatte gehört, dass der Wirt des »Ochsen« zu Sitzungen der Esoterik-Szene Isis-Beamer an den Zapfhahn hängt, damit das Bier richtig ionisiert ist. Entsprechend erwartungsfroh kommen Florian und Gabriel in Zierenberg an.

Udo hat den summenden Video-Beamer schon installiert und sammelt die Referenten um sich, um die Reihenfolge der Bilder zu ihren Vorträgen zu besprechen. Auch Michael ist dabei, der, der mit seinem selbst gebastelten Modell-Flugzeug Luftbilder von den Kornkreisen macht. Michael hat inzwischen auch Fotos von der Aura seines verstorbenen Kaninchens gemacht. Dazu hatte er das tote Tier in einem dunklen Zimmer aufgebahrt, seine Spiegelreflexkamera installiert und mittels Langzeitbelichtung das Aufsteigen der Seele dokumentiert. Und tatsächlich, es stieg etwas Blaues auf. Ob es wirklich die Seele war? Selbst Michael ist sich bei der Interpretation des Bildes nicht ganz sicher.

Am Morgen zum Frühstück dann das bekannte Bild: An der Theke stehen die vier Männer ab 60 beim Frühschoppen, als würden sie immer dort stehen. Wieder mustern sie wortlos jeden Ankömmling misstrauisch von Kopf bis Fuß. Doch das stört die Kornkreisforscher nicht, die wieder am Tisch im Saal Platz genommen haben.

Nach den Vereinsinterna steht der Bericht der vergangenen Kornkreis-Saison auf der Tagesordnung. Rainer zeigt wunderbare Luftbilder aus England und scheint das Fotografenglück für sich gepachtet zu haben. Denn seit Jahren gelingen ihm brillanteste Aufnahmen bei allerschönstem stimmungsvollen Licht, während andere ebenfalls für teures Geld

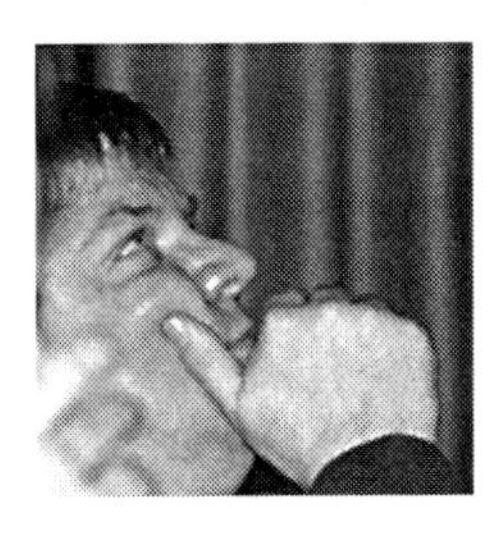

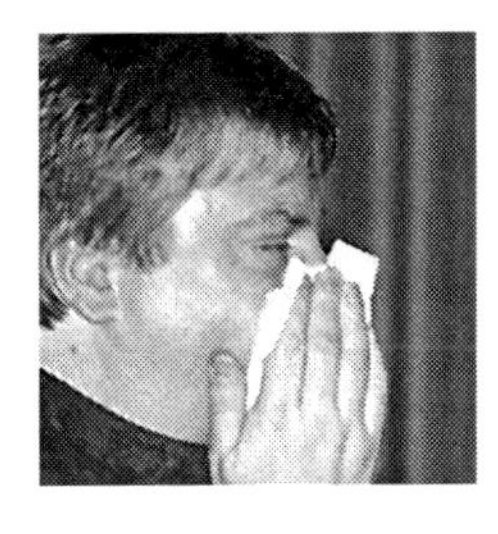

Flugzeuge besteigen, um bei mäßigem Wetter mit weitaus professionellerem Gerät nicht annähernd so brillante Fotos zu machen.

Dann folgt der Bericht über die Kornkreise in Deutschland. Udos Videobeamer projiziert Fotos aus dem Modellflugzeug von Michael. Zu sehen ist eine Spirale, die sich vom Zentrum nach außen in Wellenlinien entfernt. Niemand ahnt, dass eine einzelne Person alleine diese phantastische Formation angelegt hat. Michael versucht anhand dieser und der vorletzten Formation des Teams Heike, Tom, Alexander und Harald einen Zusammenhang herzustellen mit den verheerenden Erdbeben in der Türkei einige Wochen zuvor. Sollte dieser Kornkreis gar eine Warnung vor den Erderschütterungen gewesen sein? So könne der Kreis am Rande der Spirale durchaus das Epizentrum Izmir darstellen. Doch Michael will auf etwas anderes hinaus. Das Erdbeben in der Türkei hatte an einem Dienstag stattgefunden. Das Nachbeben und andere Erschütterungen sollen sich ebenfalls an einem Dienstag ereignet haben. Neuling Gabriel verbirgt bei dieser Darlegung sein vor Lachen hochrotes Gesicht bereits unter einem weißen Taschentuch. Und Michaels logische Konsequenz aus seinen Beobachtungen folgt prompt: »Erdbeben sind immer dienstags!« Genug für Gabriel, der, um nicht weiter aufzufallen, zügig den Saal verlässt. Florian und Harald folgen in gebührendem Abstand und der Marktplatz von Zierenberg erlebt wohl das größte kollektive Lachen seiner Geschichte. Es dauert lange, bis sich die Drei wieder unter die Kornkreisforscher im Saal wagen.

Die Beherrschung geht verloren.

Was es diesmal nicht gibt, ist ein Bericht des Hobbypiloten aus dem Land Angeln. Er ist nicht gekommen und das hat einen einfachen Grund: Es gibt keine Kornkreise mehr in Schleswig-Holstein! Das Kornkreis fressende Monster hat ganze Arbeit geleistet und Joachim Allgeier wohl auch.

Dennoch sind auch Kornkreisforscher aus dem Norden angereist. Piet stellt erneut seine geometrische Auswertung, basierend auf dem Prinzip des goldenen Schnitts, vor. Auch sind nicht alle Angelner Kornkreisfreaks der Meinung, es habe in diesem Jahr keine Kornkreise gegeben. Der eine oder andere Windbruch musste deshalb eine nähere Inspektion über sich ergehen lassen und Piet projizierte seine Pentagramme wohl auch über einige Wildspuren im Korn, um diese geometrisch auszuwerten.

Piet plädierte übrigens für einen neuen Stil und ein anderes Niveau unter den Kornkreisforschern. Es gefiel ihm nicht, dass in dem VFK jeder Laie zu Wort kommen konnte. Er wünschte sich deutliche Restriktionen, was die Auswahl der Vorträge angeht und er war nicht mehr bereit, über die Seelen von Kaninchen zu diskutieren. Dagegen hielt er seine geometrischen Auswertungen für erheblich gewichtiger. Harald zeigte sich jedoch nicht bereit, Piet darin zu folgen. Er ließ weiterhin jeden zu Wort kommen und sah auch keinen Sinn darin, nur noch Referenten das Wort zu erteilen, die über Pentagramme zu berichten hatten. Deshalb trat Piet aus dem Verein aus, um eine eigene unabhängige Forschungsgemeinschaft zusammen mit der Elite der Kornkreisforscher zu gründen, dem »ClosedRing«. Und zu dieser Elite gehörte auch Thomas, der Verbindungsmann vom PGT-Forschungsteam in Deutschland, derjenige, der hinter der Entstehung von Windbrüchen auch unbekannte Kräfte vermutet. Und allen Kornkreismachern in Deutschland war klar: Eine unabhängige Forschungsgemeinschaft mit Thomas und Piet an der Spitze – das gibt einen Aufschwung im neuen Jahrtausend!

2000

Die Kornkreisgemeinde hatte sich wohlbehalten in das neue Jahrtausend gerettet. Das war gar nicht so selbstverständlich, hatten doch einige Kornkreisinterpreten aus den Formationen des letzten Jahres Hinweise auf die Milleniums-Katastrophe herausgelesen. Und gerade dadurch, dass es zwischen esoterischer Weltverschwörungs- und Kornkreisszene einige Überschneidungen gab, waren die Angst groß und die Vorahnungen düster gewesen. Aber nichts passierte und auch der Raps reifte wie jedes Jahr. Sogar der weißhaarige Mann mit seinen mathematischen Berechnungen rund um Uranus und Pluto entschuldigte sich höflich vor dem Plenum für seine düstere Prognose, die er im vergangenen Herbst aus den Dimensionen eines Kornkreises abgeleitet hatte. Zu dieser Zeit ahnte noch niemand, dass die Saison 2000 für die Kornkreisgemeinde um Kassel ein stressiges Jahr werden würde. Denn es sollte so viele Kreise geben wie nie zuvor.

Im Raps hatte es bei Kassel in den letzten beiden Jahren schon sehr früh Kreisformationen gegeben. Das bewegte einige Forscher aus dem VFK zu einem spektakulären Projekt: »Kornkreisentstehung«, kurz »KE« genannt. Der ruhige und unauffällige Werner war Mitinitiator des Projekts, bei dem es darum ging, eine Talsenke bei Zierenberg zu überwachen und so Zeuge einer Kornkreisentstehung zu werden. Werner wurde zum Projektleiter auserkoren und die Nacht vom 30. April auf den 1. Mai als »KE-Nacht« festgelegt. Richtig, die Walpurgisnacht! Warum ausgerechnet diese Nacht gewählt wurde, konnte niemand schlüssig erklären. Aber Dominik, ein Mitstreiter von Werner, legte fest, dass es in dieser Nacht geschehen müsse, obwohl nachweislich kein Rapskreis der vergangenen Jahre zu diesem Datum entstanden war. Aber Dominik war überzeugt, die Walpurgisnacht sei eben die Nacht der Nächte. Dominiks Argumentationen zu folgen war ohnehin stets schwierig. Aber trotzdem schaffte er es immer schnell, eine Anzahl Anhänger um sich zu scharen, denn er hatte für jede Frage eine unumstößliche Antwort parat. Und als Meister der Schwarz-Weiß-Malerei und begeisterter Anhänger jeder auf dem Markt befindlichen Verschwörungstheorie scheute sich Dominik auch nicht, die Bibel und andere religiöse Schriften zu zitieren, um seinen Worten Nachdruck zu verleihen.

Und nun ist sie da, die Walpurgisnacht. Harald will unbedingt dabei sein, natürlich nicht offiziell. Harald hat Friederike dabei, seine Lebensgefährtin. Am Ort des Geschehens treffen sie Alexander, um die verabredete gemeinsame Aktion zu planen. Auf dem Laufenden gehalten werden sie von einem »Maulwurf«, denn Mr. X gehört diesmal zum offiziellen Beobachtungsteam des Projekts »KE«. Er informierte die drei anderen jeweils per Handy über Standpunkt und Situation des Projektteams. Das ist gut so, denn Harald, Friederike und Alexander wollen KE natürlich zum Erfolg verhelfen.

Im ersten Anlauf lotst Mr. X die Drei in einen finsteren Wald – in eine Sackgasse. Zu unpräzise sind die Informationen, so dass sich die Gruppe selbständig einen Weg bahnen muss, um ein gelb blühendes Rapsfeld im Umfeld der Entstehungsbeobachter zu suchen. Es ist 2 Uhr nachts, zuvor wären sie fast Michael in die Arme gelaufen, der wieder einmal Insekten in der Nacht anblitzte, als sie endlich fündig werden. Das Feld ist ungefähr 200 Meter von der Station des KE-Teams entfernt. Blitzschnell entsteht eine kleine Formation. Dann verschwinden Harald und die anderen beiden in der Dunkelheit.

Doch die Gefahr entdeckt zu werden ist ohnehin gering, denn das Projektteam, allen voran Benjamin, ist so sehr mit den Messeinrichtungen und Geräten beschäftigt, dass es vermutlich nicht einmal das Landen eines UFOs bemerken würde.

Am nächsten Morgen hat »KE« seinen Rapskreis! Und plötzlich erinnern sich auch alle. Die einen hatten nachts gegen drei Uhr seltsame Wolken aus der entsprechenden Richtung aufziehen sehen, die anderen Grillen im Gras verstummen gehört. Alles untrügliche Zeichen! Nur Jane hatte in der Nacht Seltsames an dem Feld bemerkt und regt an, dass vielleicht mal jemand nachschauen könnte. Aber das interessiert jetzt keinen. Und Friederike, Harald und Alexander sind froh, dass das so ist. Ein neuer Mythos ist geboren.

Und natürlich wird gleich der Vorsitzende des VFK informiert. Nach der Erstbegehung der Raps-Formation durch Mitstreiter des Projektteams erhält Harald verschiedene Berichte. Einer meint, es handele sich zweifelsfrei um einen sauber gelegten Rapskreis, der keinerlei Spuren menschlichen Einflusses aufweise. Ein anderer dagegen berichtet von einem unsauberen, mit Fußspuren aus Matsch übersäten Rapskreis. Beide Beobachter hatten übrigens zeitgleich den selben Kreis begutachtet.

Nie zuvor und auch danach gab es so viele Kornkreise im Umkreis von Kassel wie im Jahr 2000. Mehr als ein Dutzend Formationen wurden den Sommer über gemeldet und die Kornkreisszene war völlig aus dem Häuschen. Aus ganz Deutschland pilgerten Interessierte in das Kornkreis-Mekka. Eine dreiarmige Spirale, Langpiktogramme, Sterne und weitere abstrakte Gebilde wurden gefunden. Alle bekamen Namen, damit jeder im Gespräch unterscheiden konnte, von welcher Formation gerade die Rede war. Mr. X durfte erleben, wie sich eine Gruppe Esoteriker über seine als »Engelwesen« benannte Formation hermachte, um dort Energien zu fühlen. Besonders Omnec Olek, eine Dame mit weißen Haaren, in wallendem Gewand, um die sich eine Reisegruppe scharte, war beeindruckt von dem Engelwesen-Kreis. Omnec Olek war etwas ganz besonderes, behauptete sie doch, von der Venus zu stammen. Nur

Der »Pac-Man« – frisst er die Kornkreise oder spuckt er sie aus?

für Ihren Besuch auf der Erde habe sie eine menschliche Hülle angenommen. In Vorträgen unterrichtete sie ihre Zuhörer gerne über das Leben auf dem Erdnachbarn und ihrer Mission auf der Erde. Vielleicht sollten unsere Politiker ja mal über Einreisebestimmungen von Extraterrestrischen nachdenken?

Wieder sind Harald und Friederike unterwegs nach Kassel. Diesmal ist auch Florian dabei. Jetzt will auch er an einer Kornkreisentstehung in Kassel beteiligt sein. Vor Ort treffen die Drei auf Alexander und Mr. X. Letzterer hat wieder die Umgebung ausgekundschaftet. Und wie so oft hat Mr. X wieder ein Einsatzfahrzeug mit defekter Batterie besorgt. Aber kein Problem, denn es sind ja diesmal genügend Personen zum Anschieben vor Ort. Nachdem das Feld gefunden ist, verabschiedet sich Mr. X.

Die verbleibenden vier Kornkreismacher beschließen, dass diesmal ein erschreckendes Signal von ihrer Formation ausgehen soll. Sie wollen einen »Pac-Man« legen, jene kreisrunde Figur mit offenem Maul aus dem gleichnamigen Computerspiel, die auf dem Computerbildschirm Punkte, Kekse oder was auch immer frisst. Im Feld soll sie Kornkreise fressen. Wird sich die Kornkreisgemeinde an das fressende Kornkreismonster aus dem Land Angeln von 1998 erinnern? Damals hatte Joachim Allgeier ja die These entwickelt, es vertreibe die Kreise, wonach es in Allgeiers Region bekanntlich keine mehr gegeben hatte. Werden jetzt die Kasseler Freaks ebenfalls um ihre Gebilde in Korn bangen müssen?

Tatsächlich kommen einigen von ihnen Befürchtungen, als schon am nächsten Tag die neue Formation entdeckt wird. Andere dagegen sehen in »Pac-Man« ein keltisches Symbol. Und mit den Pentagrammen von Piet wird auch diesmal festgestellt, dass alles sich im System des goldenen Schnitts befindet. Und was hatte Mr. X die ganze Zeit getrieben? Eine bereits vorhandene Formation unweit des Pac-Man war in der selben Nacht durch eine filigrane Schlangenlinie ergänzt worden...

So nahm das erste Kornkreisjahr im neuen Jahrtausend seinen Lauf. Die Gruppe der Kornkreismacher war größer geworden und die einzelnen Nachttrupps formierten sich immer wieder neu. Der Kornkreis wurde fast zum Massenprodukt und damit zur Gewohnheit. Und bei jeder Formation war schon im Voraus absehbar, wie die Forscher reagieren und was sie in den Kreis hinein interpretieren würden. Für Harald war der Zeitpunkt gekommen nachzudenken. Im Laufe der vergangenen Jahre hatte er verstehen gelernt, wie das Kornkreisphänomen funktioniert. Seine Erkenntnisse waren alle experimentell belegt. Dass die Kornkreisforscherszene an diesen Erkenntnissen nicht interessiert sein konnte, sei nur der Vollständigkeit halber erwähnt, besagen diese Erkenntnisse doch, dass Kornkreise zwar phantastisch sind, nicht aber phantastischen Ursprungs! Und als bewiesen konnte zudem gelten, dass sowohl Kornkreisforscher als auch Kornkreismacher Teil eines sozio-kulturellen Phänomens waren.

Harald war klar, dass seine Zeit im Vorstand des VFK abgelaufen und das Doppelspiel nicht weiter aufrecht zu halten war. Zudem wurden die Spannungen mit den Vorstandskollegen Heike und Tom immer größer. Harald wollte raus aus

Hin und wieder wird auch mal ein Windbruch als Kornkreis gemeldet ...

der Position des Vorsitzes, Tom wollte rein, und zwar um den Verein aufzulösen. Denn davon sprach er schon seit Jahren. Das allerdings wollte Harald verhindern und deshalb suchte er schon seit einiger Zeit nach einem geeigneten Nachfolger für das Amt des höchsten deutschen Kornkreisforschers. Denn warum sollte man einer Vielzahl engagierter Mitglieder und begeisterter Kornkreisfans ihren Verein nehmen?

Und Harald wurde fündig. Werner hatte in diesem Sommer Julia kennengelernt, die sich mit ihrer Cousine Jane neu in der Kasseler Kornkreisszene bewegte. Und Jane war die, die bei »KE« Haralds Autorücklichter entdeckt hatte. Jane, Mutter von vier Kindern, war spirituellen Themen zugeneigt und stand der Esoterik nahe. Allerdings hielt sie von dem, was Harald gerne als Stammtischesoterik bezeichnete, gar nichts. Und Jane zeigte Bereitschaft, Haralds Amt zu übernehmen, allerdings nur unter der Bedingung, dass Harald ihr noch eine Amtsperiode in einem anderen Vorstandsamt zur Seite stünde. Dieses Modell akzeptierte die Mitgliederversammlung. Doch Tom schmeckte das überhaupt nicht.

An dieser Stelle sei die Chronologie der Ereignisse unterbrochen und vorweggenommen, was im Laufe des nächsten Jahres geschah. Tom und Benjamin gingen eine Allianz ein, um den Vorstand aus Jane und Harald zu stürzen, was nach einem Misstrauensvotum gelang. Das Argument, das Tom einbrachte, lautete: Der VFK könne nicht von jemanden geleitet werden, der der Meinung ist, Kornkreise seien von Menschen gemacht! Wenig später traten alle Betroffenen, auch Heike und Tom aus dem Verein aus. Für Tom war auch nicht mehr zu erreichen: Er hatte größtmöglichen Schaden angerichtet.

Es ist Sommer, der Vorstand des VFK ist noch nicht neu strukturiert. Heike hat das Amt der Sekretärin inne,

Tom führt dieses Amt aus. Da trifft eine E-Mail aus Sachsen ein. Ein älterer Herr bittet um die Wegbeschreibung zu einem Kornkreis im Raum Kassel, den er im Rahmen eines Besuches bei einem Freund in den alten Bundesländern besuchen will. Das Sekretariat zeigt sich sofort hilfsbereit, denn der Pensionär aus Hoyerswerda hat allergrößtes Interesse an der Arbeit des Forschungsverein. Josef Streckel bekommt seine Beschreibung und kann sich so auf den Weg machen. Schon wenig später zeigt sich der Rentner von den gewonnenen Eindrücken derart angetan, dass er in Aussicht stellt, Mitglied im Forschungsverein werden zu wollen. Das ist aber nicht so einfach, denn Josef Streckel existiert nicht! Und so kann er auch erst Mitglied werden, als Heike und Tom verreist sind und Harald die Geschäfte des Sekretariats vertretungsweise übernimmt. Schließlich bekommt das neue Mitglied Josef Streckel eine der liebevoll selbstgebastelten Mitgliedskarten und fortan regelmäßig die Vereinszeitung. Josef Streckel heißt im richtigen Leben Florian.

Über die Homepage des Vereins sucht Streckel Kontakt zu den Mitgliedern. Er will ein Projekt diskutieren: seine eigene wis-

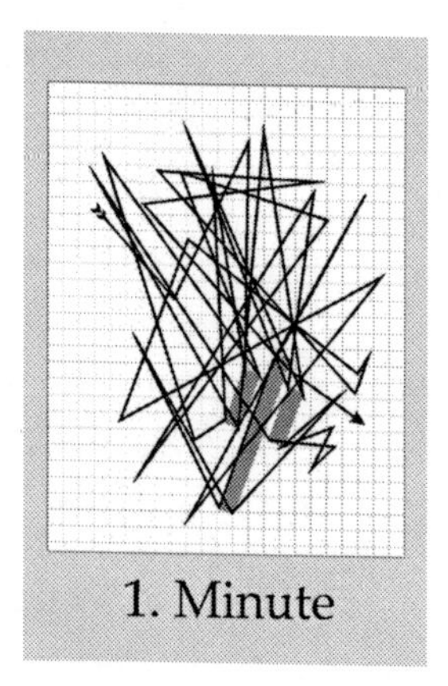

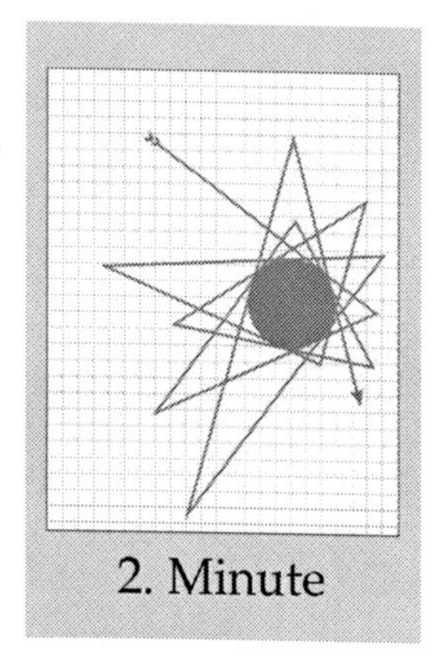

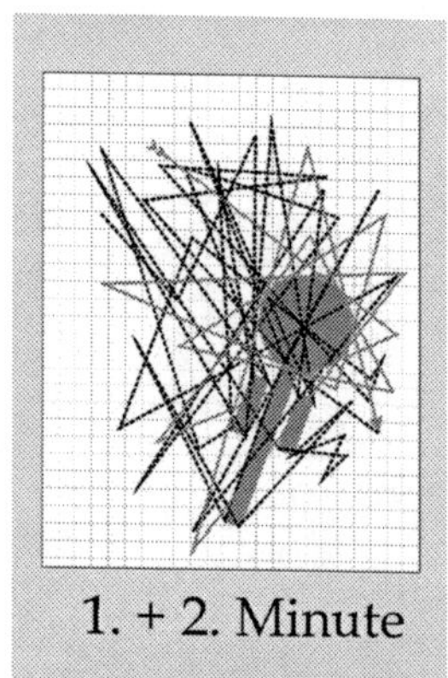

Auszüge aus der »wissenschaftlichen« Arbeit von Josef Streckel.

senschaftliche Arbeit. Es geht um das Flugverhalten der gemeinen Stubenfliege, das er während einer Forschungsreise durch Ägypten untersucht hatte. Der pensionierte Biologielehrer behauptet, dass hinter den scheinbar orientierungslosen Flugbahnen einer gewöhnlichen Stubenfliege verschlüsselte Botschaften stecken, die möglicherweise in Verbindung mit Kornkreismustern stehen. Er belegt dies mit einigen eigenen Grafiken. Und schließlich verhilft der Webmaster des VFK wohlwollend dem alten Herren zur Veröffentlichung seiner Forschungsarbeit auf der Homepage des Vereins, nachdem Auszüge bereits in der Vereinszeitschrift erschienen sind.

Josef Streckel hat den Nerv des Vereins genau getroffen. Zwar blieb die erhoffte Diskussion aus, aber Benjamin teilt mit, er habe sich schon Gedanken über einen Versuchsaufbau gemacht, um die Thesen des Herrn Streckel zu prüfen. Der lange angekündigte Besuch des Herrn aus Hoyerswerda zur Jahreshauptversammlung des Vereins bleibt allerdings aus. Wegen wichtiger Forschungsarbeiten weilt Streckel im Nil-Delta und muss sein Kommen leider absagen. Und tatsächlich, mitten in die Vereinsinterna platzt ein Anruf aus Kairo – es ist Streckel! Tom nimmt das Gespräch an und Florian, der gerade einstimmig zum Kassenprüfer gewählt worden ist, erstarrt. Tom verlässt mit Telefon die Sitzung. Nach gut zehn Minuten kommt er zurück und flüsterte Heike etwas ins Ohr, die sichtlich überrascht ist. Der alte Herr hat also tatsächlich aus Kairo angerufen, um seinem Bedauern Ausdruck zu verleihen, dass er nicht dabei sein kann. Schade, besonders Florian hätte den Herrn gerne einmal persönlich kennen gelernt.

Nach dem Anruf von Josef Streckel gehen die versammelten Mitglieder des VFK zur kornkreisorientierten Tagesordnung über. Für den Nachmittag haben zwei betroffene Landwirte der Region ihr Kommen angekündigt. Sie sind dabei, als Thomas Maier über die neuesten Erkenntnisse aus der Kornkreisforschung referiert. Der Referent sinniert unverblümt darüber, dass von Kornkreisen betroffene Landwirte einen erheblich eingeschränkten Horizont zeigten, wenn sie sich nicht für das phantastische Phänomen interessierten. Die Vertreter der Land bewirtschaftenden Zunft beweisen Humor und Weitsicht und nehmen das Gesagte erstaunt, aber doch gelassen hin. Harald verabschiedet sich später vor dem Vereinslokal von einem der Landwirte unter vier Augen. Der Gast gibt mit einem breiten Grinsen zu verstehen, dass er nun wisse, woher die Kornkreise kommen. Und Harald ist erleichtert.

Weitere peinliche Zwischenfälle gibt es nicht. Michael weiß während seines Vortrags nur noch zu berichten, dass ihm seit dem Besuch einer Kornkreisformation ein Fußgelenk schmerzt und vermutet, dass dies mit Energien im Feld zusammenhängen könnte. Darauf meldet sich Alexander zu Wort und gibt zum Besten, dass sein Fuß auch schmerze, seit er in eben jenem Kornkreis gewesen sei. Zum Beweis streift er sein Hosenbein in die Höhe und zeigt den Verband. Alexanders Fußschmerzen sind natürlich erklärbar, hatte er sich doch beim Anlegen des Kornkreises den Knöchel verstaucht ...

2001

Mit dem Jahrtausendwechsel hat in der Kornkreisforschung eine neue Zeitrechnung begonnen: Wir schreiben das Jahr 1 nach KE, und Silvester ist gewissermaßen die Nacht vom 30. April auf den 1. Mai. Denn auch die Kornkreissaison 2001 beginnt in der Walpurgisnacht mit dem aus dem letzten Jahr bekannten Projekt »Kornkreisentstehung«.

Rund drei Dutzend Personen sind diesmal auf den Hügeln um das kleine Städtchen Zierenberg unterwegs und beobachten – alles andere als lautlos – die Region. Autos fahren auffällig durch die Feldwege, grelle Scheinwerfer werden eingeschaltet, ausgeschaltet, wieder eingeschaltet, Motoren angelassen, dem Nachbarn Kommandos zugebrüllt und Blitzlichtgewitter wird verursacht. Neu sind die Walkie Talkies, die im Einsatz sind. »KE1 ruft KE2« quäkt es aus den Lautsprechern der Funkgeräte. Und »KE4« fragt nach, ob »KE3« auf Position ist. Welche Position ist dabei egal, Hauptsache »auf Position«.

Beobachten wollen die Forscher diesmal die Entstehung eines Rapskreises. Im Jahr 2001 allerdings war der Raps Anfang Mai noch ziemlich zurückgeblieben. Die Pflanzen waren gerade mal knöchelhoch. Für Kornkreismacher keine Chance, ungesehen einen Kreis anzulegen. Und die Aliens bleiben in dieser Nacht auch aus ...

Die neue Vorsitzende des VFK hatte im Vorfeld versucht, eine gewisse Struktur in die Projektplanung zu bringen. Gelungen war ihr das nicht. Denn es herrschte Misstrauen im VFK, keiner wollte sich reglementieren lassen. Vor allem die Projektmitarbeiter waren kritisch, in vorderster Front jener Mensch, der vor Jahren die Regenwürmer gezählt und gewaschen hatte. Diesmal war er wieder mit einem Kofferraum voller Messgeräte angereist, natürlich ohne genau zu wissen, was er eigentlich messen wollte. Immerhin war es Jane gelungen, die örtliche Polizei über das Projekt so zu informieren, dass kein Ordnungshüter unnötig ausrücken würde, wenn Passanten von unerklärlichem und merkwürdigem Treiben in der sonst ruhigen und besinnlichen Region berichten sollten. So hatten sich Harald, der in diesem Jahr ganz offiziell mit von der Partie war, und Jane auf einen ruhigen Posten zurückgezogen, um das Ganze zu beobachten.

Ach ja. Es gibt in dieser Nacht zu »KE« noch ein geheimes Unterprojekt, das »Projekt Inkognito«. Aber davon weiß außer Jane und Harald noch niemand. Und Jane weiß nicht, dass Harald es weiß. Drei dunkle Gestalten sind die ganze Nacht über zwischen den einzelnen KE-Standorten unterwegs und wagen sich so weit wie möglich an die einzelnen Beobachtungsgruppen heran. Zum Beweis hinterlassen sie jeweils an dem Punkt, an dem sie einer Gruppe am nächsten kommen, ein kleines Stofffähnchen. Die gesamte Route der Drei wird durch ein kleines GPS-Gerät dokumentiert. Das Ergebnis am nächsten Morgen ist verblüffend, aber für Harald und Jane wenig überraschend. Teilweise bis auf wenige Meter haben sich die Inkognito-Leute an die Überwacher herangeschlichen, ohne entdeckt worden zu sein. Da hätten vielleicht sogar UFOs eine Chance gehabt, ungesehen zu landen. Natürlich war keines da, und einen Rapskreis gab es auch nicht.

In der Morgendämmerung enttarnt sich das Projekt »Inkognito« selbst. Jane und die drei Leute inkognito informieren die Beobachtungsteams in einer kurzerhand einberufenen Besprechung über das Projekt und das vorläufige Ergebnis. Der Protest ist groß. Am lautesten beschwert sich der Besitzer der vielen Messgeräte. Seine Argumentation: Alle Gruppen hätten über »Inkognito« informiert werden müssen, damit jeder auf die drei Leute hätte achten können. So habe ja niemand eine Chance gehabt, die dunklen Gestalten zu erkennen. Aha! Wahrscheinlich waren die Blicke der Beobachter zu sehr nach oben gerichtet, da hatten rein irdische Vorgänge kaum eine Chance auf Wahrnehmung. Jedenfalls, die Stimmung war dahin, und die Kritik an der Vorsitzenden Jane noch stärken geworden.

Nach der Walpurgisnacht folgten ein paar Wochen relativer Ruhe. Weizen, Roggen und Gerste konnten reifen. Doch dann beginnt sie wie gewohnt, die Saison in der Kasseler Region. Die ersten Kreise erscheinen, und die Szene atmet nach den ersten Sichtungen auf: Die Kornkreise haben uns nicht verlassen!

Auch in die Szene der Kornkreismacher war Bewegung gekommen. Jane war an Harald mit der Frage herangetreten, ob er nicht einmal Lust hätte, des Nachts mit ihr und Julia durch ein Feld zu ziehen, um eine schöne Formation anzulegen. Jane hatte in dem halben Jahr ihrer Amtszeit im VFK sehr schnell begriffen, wie das »Gesellschaftsspiel Kornkreis« funktionierte.

Anfang Juli ist es soweit: Jane, ihr Mann Karl, Julia, Friederike und Harald arbeiten gemeinsam in einem Feld. Um den Schein zu wahren, gibt sich Harald als Anfänger aus. Die Formation gelingt trotzdem und wird auch von der Kornkreisgemeinde wohlwollend angenommen.

Aber Harald hat auch das Bedürfnis, wieder mit einem alten Kollegen zu arbeiten. So kommt es, dass Alexander und Harald ins Feld ziehen, chauffiert von Mr. X., der das Auto auch gleich wieder mitnimmt, damit die Aktion nicht auffällt. Sie beginnen mit ihrer geplanten Formation in einem Feld, das unterhalb einer Felsformation, der Scharfensteine, liegt. Diese sind bei Kletterern als Übungsfelsen bekannt und offenbar auch als Übernachtungsgelegenheit in einer lauen Sommernacht beliebt. Das wird Harald und Alexander erst klar, als ihnen ein »Hallo« aus den Felsen entgegen hallt. Taschenlampen werden eingeschaltet, ein Blitzlicht ist zu sehen. Die beiden

Kornkreismacher verlassen fluchtartig das Feld. So überstürzt, dass Harald das Seil in einer Traktorspur vergisst. Der geplante Rückweg führt am Fuß der Felsen entlang. Allerdings fürchten Harald und Alexander jetzt, dass ihnen einer der Hallo-Rufer begegnen könnte. Also laufen sie in die entgegengesetzte Richtung und informieren Mr. X, der sie abholen soll, per Handy. Der, obwohl ortskundig, kann leider keinen präzisen Hinweise zu einem möglichen Fluchtweg oder Treffpunkt geben. Fast ist es ein Wunder, dass die drei an einer Weggabelung doch noch zueinander finden.

In der folgenden Woche wird die unvollendete Formation nicht entdeckt. Nur Willy, der Kornkreis-Luftfotograf überfliegt das Feld und berichtet hinterher von einem seltsamen Gebilde unterhalb der Scharfensteine. Als dann die Kornkreisforscher die Formation später wirklich entdecken, ist sie natürlich vollendet. Alexander und Mr. X haben sie längst komplettiert. Und ein Seil hatte dazu auch noch griffbereit dagelegen.

Eine kleine Episode am Rande: Ausgerechnet in den wenigen Tagen zwischen Erstanlauf und Vollendung der Formation hatte das hessische Katasteramt eine Luftbildkarto-

Die durch Jane initierte Formation.
Rufus sah darin ein keltisches Symbol ...

graphierung der Region vorgenommen und später im Internet veröffentlicht. Und auf diesen kartographischen Luftaufnahmen ist die unvollendete Formation dokumentiert.

Das Jahr 2001 schien eine Kornkreissaison zu werden wie jede andere. In unterschiedlichen Teams legten die Kornkreismacher rund um Kassel ihre Kunstwerke an. Doch dann geschieht etwas Neues: Rufus taucht auf, ein kauziger Typ um die 60, distanzlos und scheinbar allwissend. Es ist der 25. Juli als Rufus die gesamte Kornkreisszene und die Lokalpresse zu sich lädt, um das »Gudensberger Protokoll« zu verfassen. Das ist ein Thesenpapier, mit dem Rufus die Kornkreisforschung auf den Kopf stellen will. Die geladenen Gäste bekommen einen frischen Kornkreis zu Gesicht und Rufus formuliert seine Kernaussage: »Kornkreise sind irdisch sichtbare Symbole kreativer kosmischer Energien«. Ein Satz der zweifellos groß klingt und der die Anwesenheit einer höheren Macht impliziert. Also im Klartext ein Beweis für die Existenz Gottes. Deshalb spricht Rufus auch fortwährend von göttlichen Zeichen, von den Stempelabdrücken dieser Macht. Und so hat er, Rufus, nicht Gott, in der Kornkreismacherszene schnell seinen Spitznamen weg. Man nennt ihn nur noch »der Stempel Gottes«.

Und der Stempel Gottes hat noch mehr im Repertoire. Zum Beispiel seine selbst entwickelte Vollkorn-Diät. Die besteht natürlich nur aus eigenen Produkten, kann dafür aber Krebs heilen – sagt Rufus, der jetzt die Kornkreise als neues Forschungsprojekt entdeckt hat. Im Jahr zuvor hatte Rufus ein Mäusenest in einem Kornkreis gefunden. Und so verfasst er einen Text mit dem Titel: »Der liebe Gott und die Mäusefamilie«. Streng wissenschaftlich natürlich gelangt Rufus zu der Erkenntnis, dass Einsteins Formel $E=mc^2$ »unscharf« ist. Sie müsse um einen Kornkreisfaktor »k«, wie er es nennt, erweitert werden. Und auch mit Heisenberg sei nicht alles im grünen Bereich. All dieses wird auf den vielen Seiten des Gudensberger Protokolls festgehalten und kann im Internet detailliert nachgelesen werden.

KORN-KREISE

Rätsel in mystischer Landschaft

Multimediale Lichtbildschau

von
Florian Brunner
und
Harald Hoos

Neben Florian Brunner
und Harald Hoos
fotografierten:

Ralf Seisam
Stephen Alexander
Frank Laumen
Jan Schwochow
Wolfgang Schöppe
Christiane Labusch
Ulrike Kutzer
Markus Stanzel

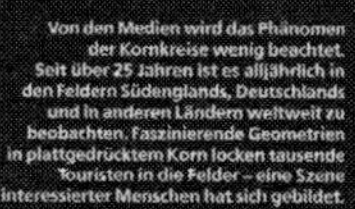

Von den Medien wird das Phänomen der Kornkreise wenig beachtet. Seit über 25 Jahren ist es alljährlich in den Feldern Südenglands, Deutschlands und in anderen Ländern weltweit zu beobachten. Faszinierende Geometrien in plattgedrücktem Korn locken tausende Touristen in die Felder – eine Szene interessierter Menschen hat sich gebildet.

Diese multimediale Lichtbildschau beleuchtet Hintergründe und skizziert in faszinierenden Bildern das Zusammenspiel aus Landschaft, Leuten und den Kornkreisen.

www.kornkreise.de

Rufus ist sozusagen der aufgehende Stern am Himmel der Kornkreisforschung 2001, der Beginn einer neuen Ära. Natürlich wird Rufus schnell Mitglied im VFK. Die Extremen-Esoteriker-Fraktion nimmt ihn wohlwollend und dankbar auf. So klingt diese Kornkreissaison aus. Die Felder werden gemäht und die allerletzten Beweise für Menschenwerk wenig später untergepflügt. Doch an Winterschlaf ist noch nicht zu denken.

Von einem weiteren Projekt ist zu berichten, das Florian und Harald im letzten Jahr des vorigen Jahrtausends beschlossen hatten. Ewig lange Telefonate zwischen Landau und Saarbrücken waren vorausgegangen und führten dazu, die gewonnenen Erfahrungen in einer Lichtbildschau zu dokumentieren. Harald und Florian sammelten viel Material und kramten in ihren Erinnerungen. Außerdem wurden die meisten bekannten Kornkreis Fotografen kontaktiert und um eine Auswahl ihrer magischen Fotos gebeten. Rainer stellte seine wunderbaren Luftbilder zur Verfügung und auch die Forscher Willy, Thomas und Piet stellten Fotos zur Verfügung. So dauerte es nicht lange, bis ein abendfüllendes Programm stand. Dazu wurde bewusst das Medium Dia-AV gewählt, eine Form, die mit der Überblendung von Dias arbeitet, die aber heute durch Videotechnik weitgehend in den Hintergrund gedrängt wird. Untermalt wurde das Bildmaterial mit gesprochenem Text und Musik, letztere von Florians ehemaliger Worldmusic-Band »Wabohu«. Die Texte las der Liedermacher Sigi Becker.

Die Premiere von »Kornkreise – Rätsel in mystischer Landschaft« war für den 11. September 2001 in der Saarbrücker Johanneskirche geplant. Während Florian und Harald zusammen mit dem Pfarrer Stühle rückten, die Leinwand aufbauten und die Projektoren justierten, flogen in Manhatten die zwei Passagierflugzeuge in das World Trade Center. Die Schau wurde abgesagt, und die Superintendantin des Kirchenkreises bot statt dessen den ratlosen und auf Grund der aktuellen Ereignisse auch wenigen Besuchern mit einer kleinen spontanen Andacht ein wenig Halt nach dem Schock. So kam es, dass die Lichtbildschau an anderem Ort eine unverhoffte und inoffizielle Premiere feierte. Der VFK feierte nämlich einen runden Geburtstag. Und so zeigten Florian und Harald ihre Schau auf der entsprechenden Jubiläumsveranstaltung.

Erst zwei Monate später findet die offizielle Premiere in Saarbrücken statt, diesmal in einer gut gefüllten Johanneskirche. Die Dias werden gezeigt und anschließend stehen Harald und Florian dem Publikum Rede und Antwort. Eine Frau erhebt sich und erzählt, sie habe von einem Kornkreis, den sie auf der Leinwand wiedererkannte, bereits vor dessen Entstehung geträumt. Das löst eine lange Diskussion aus, an der auch alte Bekannte teilnehmen. Thomas von der unabhängigen Forschungsgemeinschaft »ClosedRing« vertritt in langatmigen Redebeiträgen seine Thesen, auch wenn das im Publikum eigentlich niemanden interessiert. Doch Harald und Florian sind froh über den Auftritt von Thomas, belegt dieser doch die Thesen, die während der Präsentation nebenbei und vorsichtig in Bezug auf Fanatismus bei Kornkreisforschern aufgestellt wurden. Thomas war ein lebendiges und auch einschläferndes Beispiel zugleich.

2002

Große Ereignisse warfen ihre Schatten voraus. Über den »Crop-Circle-Connector«, die weltweit größte Internetpräsenz zum Thema Kornkreise, war zu erfahren, dass Hollywood einen Film plante: »Signs«, aus der Schmiede der Disney-Tochter Buena Vista. Und im Mittelpunkt der Handlung: Kornkreise!

In der Szene wuchsen Spannung und Nervosität. Würde der Film Außerirdische als Kornkreismacher zeigen oder aber Menschen. Und mancher, der letzteres vermutete, warnte bereits vor einer Verschwörung und Desinformationskampagne. Nun, die Trailer und Bilder der Vorankündigungen ließen diese Fragen offen, und so musste die Kornkreisgemeinde auf die Lösung des Rätsels warten.

Florian und Harald haben ihre Multimediaschau gerade uraufgeführt, als »Signs« ins Gespräch kommt, ein Umstand der beiden Spaß und Publicity aber auch Arbeit bescheren sollte. Gerade als sie mit einer Kinokette über ein Paket »Signs« und »Kornkreise – Rätsel in mystischer Landschaft« verhandeln, nimmt der Verleger Joachim Heino Freiherr von Beust Kontakt mit dem Duo auf. Parallel zum bundesweiten Kinostart von »Signs« soll ein »Buch zum Film« im Buchhandel platziert werden. Und die Dia-AV »Kornkreise – Rätsel in mystischer Landschaft« soll das Ausgangsmaterial für das Buch bieten.

Harald und Florian wittern sofort die Chance, endlich all das zu erzählen, was bislang niemand über die Kornkreise zu schreiben wagte. Denn in Deutschland fehlte bislang Literatur, die neutral und fernab der skurrilen »Kornkreisforschung« über die Hintergründe der Ereignisse in den sommerlichen Feldern berichtete. Deshalb sollen nun Diaschau, Buch und Internetpräsenz diese Lücke füllen.

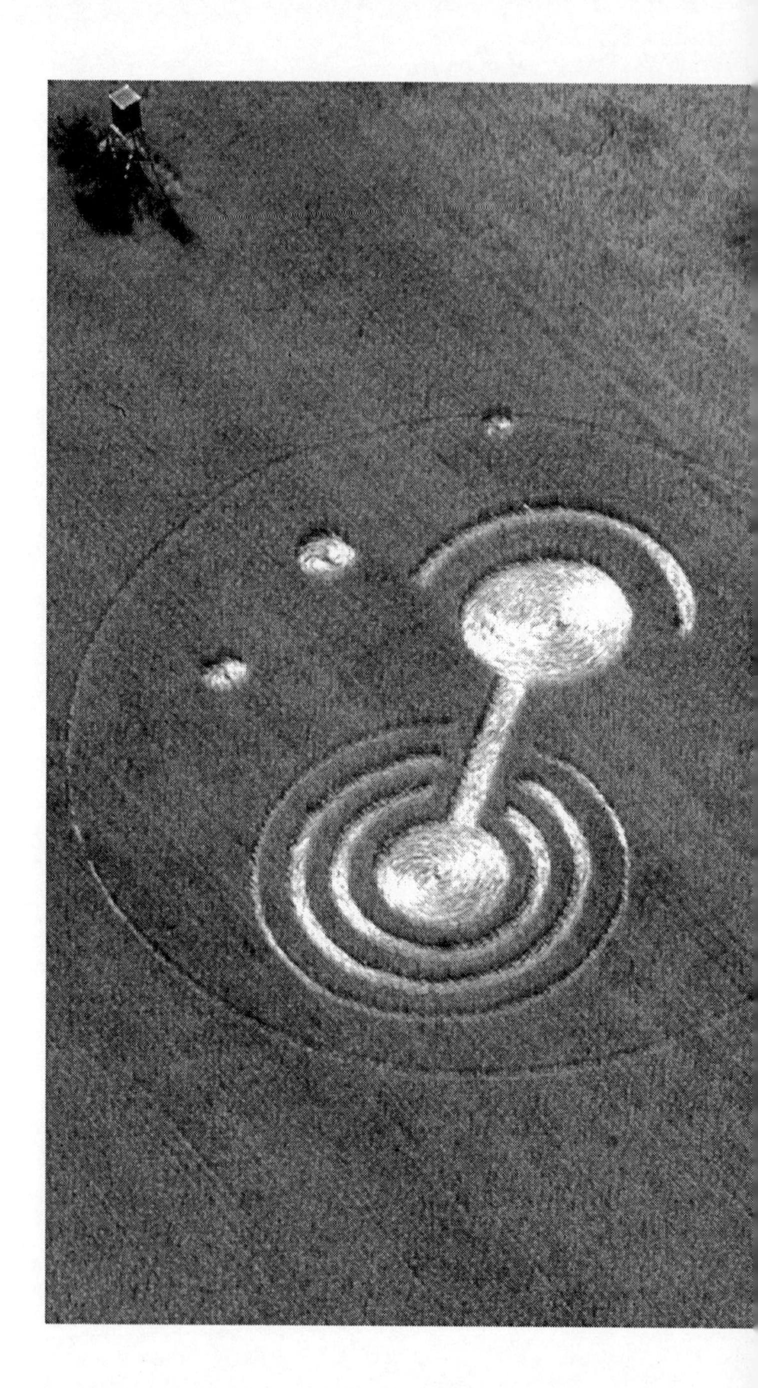

Der »Kreis zum Buch«.

Für das Projekt wurde neues Material gesammelt, darunter die offizielle Stellungnahme der evangelischen Kirche zum Thema Kornkreise und die wissenschaftliche Widerlegung des Mysteriums der gebogenen Halme durch einen promovierten Biologen. Der englische Urvater der Landschaftskunst Richard Long wurde für ein Statement kontaktiert, ebenso wie ein anonymer Kornkreismacher. Nur eines fehlte noch: authentisches Bild- und Filmmaterial, das eine Kornkreisentstehung dokumentiert. Also musste solches Material produziert werden, und das war nicht gerade leicht. Zunächst musste ein Bauer gefunden werden, der sein Kornfeld zur Verfügung stellte, um dort in aller Ruhe einen Kornkreis anlegen zu können.

Durch eine befreundete Künstlerin bekommt Florian Kontakt zu einem Landwirt-Ehepaar im Saarland. Die scheinen Spaß zu verstehen und willigen unkompliziert in das Vorhaben ein. Für den zu erwartenden Fruchtschaden, so die Absprache, wird natürlich Ersatz geleistet. Es ist ein warmer Sommerabend, als sich Anke, Resa, Harald und Florian auf dem Hof des Landwirtes treffen. Ein ökologisch angebauter Triticale-Acker ist die »Leinwand« für das Kunstwerk, das entstehen soll, also ein ökologisches Feld ohne Düngung und ohne Pestizide, was heißt, dass auch keine Traktorenspuren im Feld zu sehen sind. Ein perfekter Ort für einen Kornkreis, der unter normalen Umständen Rätsel aufgeben würde. Das Feld liegt abseits jeder Straße auf der Kuppe eines Hügels. Es ist auch nicht geplant, diesen Kornkreis publik zu machen. Sein einziger Sinn liegt darin, die Arbeit im Feld sowie das Ergebnis später aus der Luft zu dokumentieren.

Im letzten Tageslicht beginnen die Vier ihr Handwerk. Vorsichtig, im Gänsemarsch, gehen sie durch die Saatreihen des Getreides. Nachdem die ersten Elemente der Formation angelegt sind, genießen sie den traumhaften Sonnenuntergang. Stimmungsvolle Fotografien entstehen. Danach machen sich alle wieder mit viel Spaß an die Arbeit. Dann kommt die Nacht. Viel Gelächter ist zu hören, kreative Diskussionen unterbrechen die Arbeit; das Design der Formation wird immer wieder neu besprochen und somit ist auch Raum für viel

Spontaneität. Begleitet durch ausgiebige Fotosessions wird das Kunstwerk vollendet. Hochzufrieden packen die Vier Ihr Werkzeug ein und fahren nach Hause.

Florian und Harald hatten bereits im Vorfeld der Aktion einen Piloten angeheuert. Der bringt die beiden am nächsten Tag von einem nahe gelegenen Flugplatz aus in die Luft, damit sie das nächtliche Werk auch aus der Vogelperspektive dokumentieren können. Der Pilot kann kaum glauben, dass seine beiden Passagiere erst wenige Stunden zuvor die Formati-

Der Kornkreis als Kultplatz.

on ins Feld gepresst hatten. Auch von oben sieht sie perfekt aus und die Crew ist begeistert.

Florian und Harald arbeiteten fleißig an ihrem Buch. Was sonst noch in der Kornkreisszene geschah, zog fast unbemerkt an ihnen vorüber. Harald war bereits im März aus dem VFK ausgetreten, wegen zunehmender Querelen. Und abgesehen von der Tatsache, dass Harald Anfang Mai zusammen mit seiner damaligen Freundin Simone die Saison mit einem Rapskreis just an dem Wochenende eröffnete, als der Verein unweit dieses Rapsfeldes tagte, hielt er sich aus dem Vereinsleben heraus.

Doch Florian, Harald, und Resa zusammen mit einem weiteren Mitstreiter, Mike, können sich das Kornkreismachen einfach nicht verkneifen. Und während der »Kreis zum Buch« noch immer unentdeckt im Feld liegt, tobt sich das neu zusammengestellte Team ein weiteres Mal im Saarland aus. Diesmal soll ein Langpiktogramm entstehen.

Es ist eine laue, aber leider nicht trockene Sommernacht, in der die Gruppe loszieht. Vorher hatte man sich auf ein ungefähres Motiv geeinigt, jetzt zieht man schweigend ins Feld. Eine mystische Stimmung herrscht in dieser Nacht. Und ebenso ist wieder spürbar diese Mischung aus Angst, Aufmerksamkeit, Faszination und auch Macht. Macht, weil sie etwas schaffen wollen, das später sicher wieder als übernatürlich eingestuft wird. Dieses Machtgefühl, das in den Beteiligten zugleich Scham und Freude auslösen kann, ist dasselbe Gefühl, das Harald noch von seinen ersten Kornkreisschöpfungen her kennt. In dieser Nacht findet er es wieder, denn es war ihm bei den Aktionen der letzten Jahre verloren gegangen, vermutlich weil die Spannungen in den alten Teams unübersehbar wurden. Diesmal ist es wieder anders. Die Gruppe, die in dieser Nacht gemeinsam ins Feld geht, ist sich im Klaren darüber, was sie tut. Jeder kann sich auf jeden verlassen. Keiner schert aus und bringt damit andere in Gefahr. Es ist ein sorgloses und entspanntes Arbeiten. Und genau das schafft wieder diesen tranceartigen Zustand, das schon fast rituelle »im Kreis gehen«, gestört nur von einem wilden Rascheln, das sich

Eine weitere Kornkreisformation im Saarland.

vom nahegelegen Wald her nähert. Es dauert eine Weile, bis die vier begreifen, was da auf sie zukommt. Ein großer schwarzer Schatten flitzt durch die platt gelegte Getreidefläche. Ein Wildschwein hat sich gestört gefühlt! Nun ergreift es die Flucht.

Am nächsten Morgen kann jeder Spaziergänger, der nun oberhalb des Feldes den Weg entlanggeht, den Kornkreis sehen. Und es sind viele Spaziergänger unterwegs. Denn entlang des Weges sind Steinskulpturen namhafter Künstler zu bewundern. Und so fügt sich die Kunst im Feld zur Kunst am Stein und entfaltet große Wirkung. Zeitungen, Fernsehen und Rundfunk berichten von dem merkwürdigen Gebilde im Feld. Und da Thomas von »ClosedRing« im Saarland lebt, wird er natürlich zu den Ereignissen befragt. Doch er hält sich merkwürdig bedeckt. Dafür will die »Gesellschaft für Strahlenfühligkeit« die Formation untersuchen, denn zum ersten Mal sind in einer Formation in Deutschland verflochtene Halme zu beobachten. Ein Phänomen, das in England schon große Euphorie bei Forschern ausgelöst hatte.

Der »Kreis zum Buch« lag weiterhin unbehelligt wenige Kilometer entfernt im Feld. So wie es Florian und Harald beabsichtigt hatten. Das Buch war fast fertig und kurz vor der Abgabe beim Verlag. Und bald sollte das Triticale-Feld gemäht werden und der Kreis verschwinden. Doch es kam anders ...

Es ist Ende Juli. Harald macht in England, Florian in Italien Urlaub. Harald schlendert gerade durch das Esoterik-Mekka Glastonbury, vorbei an Geschäften mit Pendel, Kristallen und Kornkreisessenzen, als ihn der Anruf von Sat.1 erreicht. Der Journalist recherchiert für einen Beitrag im Wissenschaftsmagazin »Planetopia« und weiß zu berichten, dass es im Saarland einen spektakulären Kornkreis gäbe. Im Zuge der Recherche habe er schon mit verschiedenen Kornkreisforschern Kontakt gehabt, nach deren Einschätzung der Kreis unmöglich von Menschen gemacht sein könne. Es gäbe weder Traktor- noch Fußspuren im Feld und die Formation sei von höchster Perfektion.

Harald ahnt es: Die gesamte Beschreibung passt allzu gut auf den »Kreis zum Buch«. Er verspricht dem Anrufer einen Rückruf und nimmt sofort Kontakt zu Florian am Lago Maggiore auf. Sie beschließen, den Redakteur ins Vertrauen zu ziehen und gezwungenermaßen mit ihrem Kornkreis in die Öffentlichkeit zu gehen. Es sind keine zehn Minuten vergangen, da ruft Harald die Planetopia-Redaktion an und erzählt dem staunenden Redakteur die Hintergründe zu der phantastischen Formation im Triticale-Feld, das übrigens von einem Piloten aus der Luft entdeckt worden war.

Während Harald und Florian noch im Ausland weilten, hatten heimische Kornkreisforscher den Kreis schon untersucht und ihm eine perfekte Geometrie und perfekte Halmlagerung attestiert. Selbst Willy, der damals noch sehr aktive Kornkreis-Fotograf, hatte sich eigens aus dem Rheinland auf den Weg ins Saarland gemacht, um das Wunder von Gerlfangen in Augenschein zu nehmen. Doch keiner hatte bislang den Bauer um eine Erlaubnis gebeten, sein Feld betreten zu dürfen. Hätte dies jemand getan, wäre er von dem Landwirt an Florian verwiesen worden, der sich stellvertretend für alle Beteiligten zu dem Streich bekannt hätte. So war es verabredet. Da aber niemand fragte, gab es also auch kein Bekenntnis – noch nicht!

Auch Rufus, der Mann, der das Gudensberger Protokoll verfasst hatte und dabei glaubte, Einstein und Heißenberg mit einem Mäusenest widerlegt zu haben, war angereist und hatte in der Dorfkneipe ausschweifende Reden geschwungen, um den irritierten Dorfbewohnern seine Sichtweise des Universums nahezubringen, allerdings nur mit mäßigem Erfolg, wie der Besitzer des Triticale-Feldes Harald und Florian berichtete. Dafür kursierten im Dorf Gerüchte, man habe in der mutmaßlichen Entstehungsnacht rote Lichter über dem Feld beobachtet.

Das »Wunder von Gerlfangen« ist solange eines, bis Florian und Harald das Geheimnis ganz offiziell auf ihrer Homepage lüften. Und plötzlich sieht die Forschergemeinde den Kornkreis völlig anders. Die Halmlagerung sei doch nicht so perfekt, stellen einige »Gelehrte« fest, und in der Geometrie gebe es kleinere Fehler. Und außerdem habe man Fußspuren am Feldrand entdeckt und überhaupt, man habe schon geahnt, dass da etwas nicht stimme ...

Mäuse-Rufus verfasst natürlich sofort ein Traktat über die Kornkreis-Betrugsaffäre von Gerlfangen. Die ganze Welt sei getäuscht worden! Kriminell sei dies! Um die 100 Adressaten erhielten dieses wirre Schreiben, darunter auch Zeitungs- und Fernsehredaktionen. Aber das Interesse der Medien war ohnehin schon geweckt – auch ohne Rufus' Hilfe.

»Planetopia« will nun wissen, wie denn so ein Kornkreis entsteht. Deshalb wird, was bei dem »Kreis zum Buch« abends und nachts im Feld geschah, nun für einen Fernsehbeitrag noch einmal vor laufenden Kameras wiederholt und zwar im saarländischen Silvingen. Am »Set« bittet der Redakteur darum, es so authentisch aussehen zu lassen, wie es sonst bei Nacht zugehe. Als Harald und Florian das Original-Werkzeug aus dem Kofferraum holen, fühlt sich der Redakteur leicht auf den Arm genommen. Er hatte mit mehr gerechnet als zwei Holzbrettern und einem Stück Schnur. Doch der Redakteur wird nicht enttäuscht. In der brütenden Hitze der Nachmittagssonne dokumentiert die auf einem Kran installierte Kamera, wie Schritt für Schritt ein Fantasie-Piktogramm ins Feld gedrückt wird.

Das Piktogramm ist fast vollendet, da klingelt Haralds Handy. Ein mies gelaunter Redakteur einer Lokalzeitung aus Mecklenburg-Vorpommern ist am anderen Ende der Leitung. Er habe einen Bericht über die Kornkreise auf der Insel Rügen geschrieben, doch sein Chef lehne diesen Bericht in dieser Form ab. Er sei in seinem Beitrag ausschließlich davon ausgegangen, dass das Phänomen nicht von Menschen gemacht sei und müsse jetzt noch die Möglichkeit handgemachter Kreise recherchieren. Seiner Meinung nach vollkommen absurd, denn es sei doch offensichtlich, dass Menschen so etwas niemals zustande brächten, schon gar nicht bei Nacht! Während des Gesprächs hält Harald mit der einen Hand sein Handy, mit der anderen das Seil, an dessen anderen Ende Florian noch immer die Ringe abzirkelt.

Im August 2002 kam das Buch »Kornkreise – Rätsel in mystischer Landschaft – Annäherung an ein Phänomen« in den Buchhandel und fand im Rahmen des Kinostarts von »Signs« guten Absatz. Die Esoterik-Szene war allerdings weniger begeistert. Die Kritiken waren vorherzusehen. Und

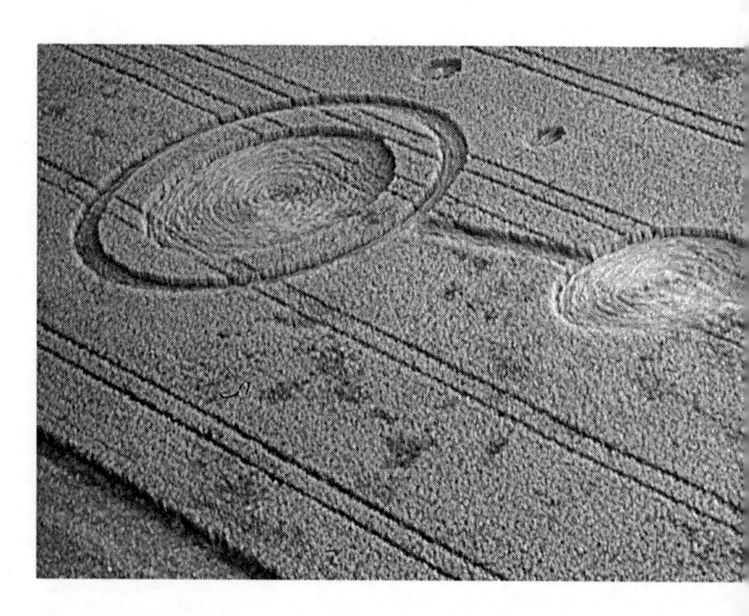

Die »Planetopia-Formation«

während das Vereinsmagazin des VFK das Werk bis heute totschweigt, häuften sich im Forum des Online-Buchhandels amazon.de die Wortmeldungen *.

Unterdessen hatte der Kino-Betreiber »Cinestar« Harald und Florian für eine dreiwöchige Tournee gebucht, bei der ihre Diaschau in 14 deutschen Städten gezeigt werden sollte. Im Anschluss an die gut besuchten Abende, die im Vorfeld des Kinostarts von »Signs« stattfanden, gab es stets eine Diskussion mit dem Publikum, in dem oft sowohl Kornkreisgläubige als auch sehr bodenständige Kornkreisinteressierte und ab und zu auch Kornkreismacher saßen. Das Zusammentreffen dieser beiden Gruppen bot jeden Abend ein spannendes Gesprächspotential.

In Rostock stellt jemand die Frage, wie denn Brot schmecke, das aus Korn gebacken werde, das aus einem Kornkreis stamme. Ratlosigkeit in den Augen der Referenten, doch

* www.kornkreise.de/produkte rezensionen.htm

dann antwortet Florian: Das Brot schmecke leicht säuerlich, da die Frucht des Korns bei der Entstehung des Kreises zu Boden gedrückt werde. Und in Bodennähe herrsche eine erhöhte Luftfeuchtigkeit. Und diese löse einen Gärungsprozess aus, der das Korn leicht sauer schmecken lasse, weshalb auch das Brot nach dem Backen so schmecke. Nicht nur Harald ist tief beeindruckt, als Florian souverän die nächste Frage erbittet. Und einige im Publikum grinsen, warum nur?

Die Dia-Schau macht auch Halt in Berlin. Und dort steht zusätzlich ein Treffen mit der Redaktion von »SternTV« auf dem Programm. Harald und Florian staunen nicht schlecht, dass sie es hier mit zwei Kornkreis-Kollegen zu tun bekommen. Max, Thomas und ihr Team haben für den Beitrag in einem Feld unweit von Berlin auch einen Kornkreis angelegt. Denn es sollte die komplette Entstehung und das Geschehen danach dokumentiert werden. Im Oktober ist es dann soweit. Günter Jauch sendet die Story und Harald und Florian sind als Gäste ins Kölner Fernsehstudio gereist.

Der Beitrag, den die Redaktion zusammengestellt hat, ist hervorragend. Zu Rate gezogen wurde ein »alter Hase«, genau jener Kornkreismacher Friedhelm Wollt, der einst die ersten deutschen Kornkreise bei Kiel ins Feld gedrückt haben soll. Dieser leitete das Filmteam an. Die Form des Kornkreises wurde bei einem Pizza-Essen kreiert. Die Vorlage: der Belag der Pizza! Mit Zirkel und Lineal wurden maßstabgetreu zerlaufene Tomaten und Salamischeiben zu Papier gebracht. Bei Nacht und Nebel wurde dann das Korn mit schweren Holzstämmen niedergewalzt. Die Macher mussten dabei auf den Knien kriechen. Eine veraltete und unprofessionelle Methode, finden Harald und Florian. Am Ende wurden noch silberglänzende Siliziumstücke im Kornkreis verstreut. Als kleiner Gruß der Aliens, sozusagen.

Der Beitrag zeigt auch, dass an den nächsten Tagen der Besucherstrom zum Feld bei Fürstenwalde nicht abriss. Schulkinder sammelten die Siliziumstücke ein und waren stolz, einen Brocken abgesplitterter UFO-Karosserie gefunden zu haben. Andere verkauften am Rand des Feldes Fotos

vom Kornkreis, daneben stand eine Würstchenbude, die recht guten Umsatz machte. Und eine Frau wusste von einem ganz persönlichen Wunder zu berichten. Sie war in den Kornkreis hinein gegangen und die Batterie ihres Handys war fast leer. Aber als sie den Kreis verlassen hatte, zeigte die Ladeanzeige auf dem Display wieder »voll« an. Wahrscheinlich kosmische Energien! Auch eine Art moderne Hexe kam zu Wort. Beim Durchschreiten des Kornkreises hatte sie ein »saugendes Gefühl« im Unterleib verspürt. Ein anderer vermutete, dass das Raumschiff wohl eine Havarie gehabt haben müsse. Und ein Wünschelrutengänger ergänzte diese Theorie durch die These, das Raumschiff sei sicher deswegen an diesem Ort gelandet, weil dort eine Hochspannungsleitung Energie habe spenden können. Doch den Höhepunkt setzte schließlich eine Frau, die einen Außerirdischen im Feld gefilmt hatte.

Der Beitrag und der Besuch von Harald und Florian im Studio mischte die Kornkreisszene gewaltig auf, war man doch von der »Echtheit« auch dieses Kreises überzeugt gewesen. Die Silizium-Kristalle wurden von einigen Forschern als »nicht von der Erde stammend« eingestuft. Andere Forscher hatten im Kornkreis »eine lokale Verringerung der Schwerkraft um zwei Prozent« festgestellt sowie unerklärliche Abweichungen des Ausschlages ihrer Kompassnadel. Und das, obwohl es weder Hünengräber noch andere historisch relevante Bauten

Diese Pizza diente dem »SternTV«-Team als Gestaltungsanregung.

in der Nähe gab. Und dann dieser Beitrag, der den Kornkreis als menschliches Machwerk outete! Dahinter konnte nur eine niederträchtige Verschwörung stecken, mit der Intention, die Wahrheit zu vertuschen! Im Forum von www.kornkreise.de tobte man sich deshalb entsprechend aus.

2003

Die Saison 2003 beginnt mit großer Verunsicherung in der Forscherszene. Denn Harald und Florian stellen ihr »Projekt 2003« vor. Auf ihrer Homepage kündigen die beiden an, im Laufe des Sommers irgendwo in Deutschland heimlich einen Kornkreis anzulegen. Erst später soll dann aufgedeckt werden, um welche Formation es sich handelt. Beide wollen mit dieser Aktion die Reaktionen der Kornkreisszene testen. Wird sich noch jemand trauen, einen Kornkreis als »echt« einzustufen? Florian und Harald glauben: Nein! Die beiden Kornkreismacher sind sich sicher, dass sich die Art der Beurteilung der einzelnen Formationen in diesem Sommer ändern wird. Um Reiz und Unterhaltungscharakter der Aktion noch zu erhöhen, laden die beiden zu einem Tippspiel ein. Mit Einsendeschluss Ende November können alle Interessierten raten, welcher Kornkreis wohl die »Projekt 2003«-Formation ist.

Zu Beginn der Saison treffen die Kornkreismacher, die in den letzten Jahren Kassel versorgt haben, noch eine weitreichende Entscheidung. Kassel soll keine Kornkreise mehr bekommen! Denn mit dem Auftauchen von Rufus, dem Stempel Gottes, war in die Kasseler Szene eine Aggressivität eingezogen, die sich als Spaßkiller erwiesen hatte. Und deshalb beschließen die Kornkreismacher, Kassel zu meiden. Die Absprache klappt, obwohl teilweise keine direkten Kontakte unter den Kornkreismachergruppen mehr bestehen. Und selbst Tom sagt zu, in diesem Jahr in Kassel keine Aktionen durchzuführen. Und so bleibt Kassel seit 2003 eine kornkreisfreie Zone.

Auch das Fernsehen bleibt weiter dran an der Kornkreisszene. Diesmal ist es der Sender »ProSieben«, der mit Harald und Florian Kontakt aufnimmt. »Galileo« plant einen Beitrag über Kornkreise und will, so wie zuvor Sat.1, das Anlegen einer Kornkreisformation dokumentieren. Kein Problem. Florian organisiert ein Feld im Saarland, das direkt neben der Autobahn bei Tholey liegt.

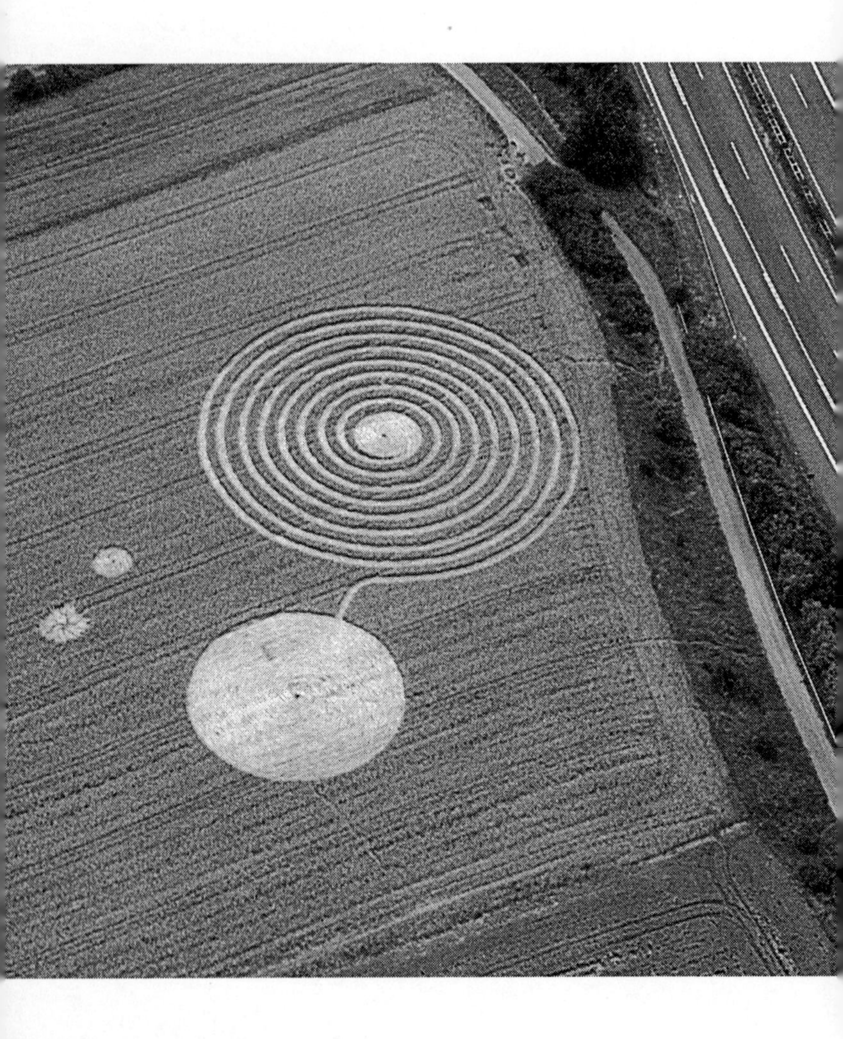

Die Auftragsarbeit für »Galileo«.

Ende Juni warten in einer Kneipe die ProSieben-Redakteurin und ihr Kamerateam auf die beiden Landschaftskünstler. Ein brütend heißer Tag und der Kornkreis soll bei Tageslicht angelegt werden. Wieder wird ein Kamerakran neben dem Feld installiert und die Arbeit beginnt. Florian und Harald haben sich diesmal eine neue Technik ausgedacht. Sie wollen eine große Spirale ins Feld zaubern, eine schweißtreibende Arbeit, die für beide mit heftigem Sonnenbrand enden wird. Doch die ausgelassene Stimmung am Set, der Spaß den Kornkreismacher, Redakteurin, Kameramann und Tontechniker miteinander haben, ist den Einsatz wert. Und nach vollendeter Arbeit und einigen Interviews und Statements im Feld, fahren die beiden erschöpften Hand- und Fußwerker auf die Autobahn und betrachteten im Vorbeifahren stolz ihr Werk: eine gigantische Formation, die jedem Autofahrer sofort ins Auge fallen muss!

Wenige Tage später wird der Kreis im Internet publiziert. Thomas von »ClosedRing« schwärmt aus und beginnt seine akribische Untersuchungsarbeit. Er befragt Einwohner, Passanten in Metzgereien und Bäckereien und landet dann bei dem Landwirt, der sein Feld gegen Bezahlung dem Fernsehen zur Verfügung gestellt hatte. So hat Thomas recht flott alle Informationen beisammen, die er braucht, um den zuständigen Redakteur des Senders ans Telefon zu bekommen. Im Internet werden dann schnell dicke rote Balken mit der Aufschrift »Fake« über die bereits veröffentlichten Bilder der Formation gelegt. Empörung macht sich breit. Thomas versucht mit fast täglichen Telefonaten die ProSieben Redaktion zu beeinflussen. Sie möge doch bitte eine »sachliche« Berichterstattung anstreben. Mit seinem Aktionismus bestätigt Thomas, was Harald und Florian der Redaktion über die Szene berichtet haben. Das Galileo-Team ist so begeistert von der Entwicklung, besonders von der Reaktion der Szene, dass der ursprünglich mit fünf bis sieben Minuten geplante Beitrag auf 15 Minuten ausgedehnt wird. Um die zusätzliche Sendezeit zu füllen, schlägt Harald der Redakteurin vor, Rufus, den Stempel Gottes, vor die Kamera zu holen. Rufus hat zudem in diesem Jahr seinen »Kornkreis-TÜV« gegründet. Fachmännisch beurteilt er die Kreise und bestimmt, welcher ein göttliches Zeichen ist und welcher nicht. Also der ideale Mann für die Sendung!

Auch in Thüringen gibt es einen frischen Kornkreis und genau dorthin wird Rufus bestellt. Und nicht nur Rufus, auch Harald will die Redaktion dabei haben, weshalb auch er nach Gotha kommen soll. Der Taxifahrer schaut etwas ungläubig, als er Harald mitten in der Landschaft an dem Feldweg absetzen soll. Unterdessen hat das Team schon einige Stunden mit Rufus im Feld verbracht. Rufus war gemeinsam mit Edelgard angereist, einem Medium, das Botschaften aus dem Kosmos und von Gott oder wem auch immer empfängt. Edelgard ist ein wichtiger Bestandteil von Rufus' Kornkreis-TÜV. Per Handy nimmt Harald Kontakt zum Fernsehteam auf.

Die Redakteurin, Daniela, kommt Harald entgegen, lachend und mit Tränen in den Augen. Sie meint, er würde gar nicht glauben, was sie bei dem seit drei Stunden andauernden Dreh schon alles erlebt hätte. Harald beteuert, dass er ihr jedes Wort glauben würde und die Redakteurin berichtet unter anderem, dass Rufus eine tote Fliege entdeckt habe, die an einem Halm klebte. Für ihn sei das der ultimative Beweis dafür gewesen, dass es sich bei der Kornkreisformation um ein kosmisches Zeichen handelt. Denn nach seiner Auffassung seien tote Fliegen nur in echten Kornkreisen vorzufinden. Orgiastische Gefühlsausbrüche von Edelgard, der medial begabten Begleiterin, und Rufus selbst ob der Entdeckung der Fliege seien bereits auf Film gebannt worden.

»Galileo«-Dreharbeiten im Kornkreis.

Daniela und Harald gehen zurück ins Feld. Freundlich, aber distanziert begrüßen sich die Kontrahenten. Beim Händeschütteln fällt Haralds Blick auf ein seltsames Gebilde, das Rufus um seinen Hals hängen hat. An einer Kombination aus Lederband und einer recht grobgliedrigen Kette baumelt so etwas wie ein Meisenknödel vor Rufus' Bauch. Doch weit gefehlt, der Knödel, so erklärt Rufus, sei ein einige Jahre alter Klumpen Müsli. Dazu muss man wissen, dass Rufus auch der Erfinder des schnittfesten Müslis ist. Und schnittfestes Müsli am Lederhalsband getragen, hält Rufus für energetisch besonders wertvoll. Und Harald muss mal kurz in die Büsche gehen ...

Die Dreharbeiten gehen weiter. Edelgard demonstriert, wie sie mit der Wünschelrute feststellen kann, ob ein Kornkreis echt oder falsch ist. Vor laufender Kamera schreitet sie im Feld voran und bleibt mit der Wünschelrute am Rande des Kornkreises stehen. Mit den Worten, gerichtet an das Universum, »gib mir ein Ja« und »gib mir ein Nein« eicht sie ihre Wünschelruten darauf, ihr später Antworten geben zu können. Bei einem »Ja« kreuzen sich die Ruten, bei einem »Nein« bewegen sie sich voneinander weg, glaubt Edelgard. Mit den lauten und klaren Worten: »Ich bin angeschlossen« beendet sie den Eichprozess und schreitet zurück ins Feld. Dort stellt sie ihre gezielten Fragen an das Universum. Bei der entscheidenden Frage, ob der Kreis Menschenwerk sei, bewegen sich die Ruten flink voneinander weg. Für Rufus ein weiterer Beweis: Die Kornfeldfigur ist ein kosmisches Zeichen! Harald muss ein weiteres mal in die Büsche. Und auch das Kamerateam hat sichtlich Probleme, sein Mienenspiel unter Kontrolle zu halten.

So gehen die Dreharbeiten weiter. Als Rufus, Edelgard und Harald auf dem Feldweg eine kleine Erfrischung zu sich nehmen, kommt ein älteres Paar mit Hund daher. Apropos Erfrischung, das tut natürlich jeder auf seine Weise, Harald mit normalem Mineralwasser, Edelgard und Rufus mit Edelsteinwasser! Das Edelsteinwasser ist in einer Plastikflasche, in der sich auf dem Boden diverse Edel- und Heilsteine finden.

Sieht nicht gerade frisch aus. Und auch die leichte Algenbildung stimmt Harald eher bedenklich. Egal. Das Paar mit Hund erzählt, dass sich schon einige seltsame Dinge in der Nähe dieses Feldes ereignet hätten. Gerade zwei Wochen sei es her, da hätte einige Kilometer weiter ein Feld gebrannt wegen eines Kurzschlusses in einem Strommast. Da war er wieder, der extatische Ausbruch von Rufus und Edelgard! Ein Kurzschluss? Nein, das müsse mit dem Kornkreis in Verbindung stehen. Das Paar ist froh, dass der Hund an der Leine nervös wird und Richtung Heimat zieht.

ProSieben produziert aus dem Material einen schönen umfassenden Beitrag zu den Kornkreisen. In der Forscherszene findet das wenig Gefallen. Noch mehr als das Mitwirken von Florian und Harald löst die Beteiligung von Rufus und Edelgard Empörung aus. Die Forschergemeinde fühlt sich übergangen, weil Rufus im Fernsehen über göttliche Zeichen sprechen durfte, aber niemand über Wachstumsveränderungen, Lichterscheinungen und über die Ergebnisse der vielen wissenschaftlichen Untersuchungen.

Nicht nur ProSieben, auch der NDR hatte die Kornkreise entdeckt. Doch im Gegensatz zu den Gesprächen mit den Galileo-Team spürte Harald bei den Telefonaten mit dem NDR, dass der Redakteur kein Interesse an tiefer gehenden Zusammenhängen hatte und eher schlecht informiert war. Dennoch wurde Harald auch vom NDR zu einem Interview eingeladen – nach Rügen!

Die Ostseeinsel hatte sich zu diesem Zeitpunkt zu einem der bedeutendsten Kornkreiszentren in Deutschland entwickelt. Unzählige kleine Kreise und kleine Kreisformationen hatten die Aufmerksamkeit der Forscher auf sich gezogen. Ganz vorneweg Piet, Thomas, Winfried und Willy vom »ClosedRing«,

Ein Klumpen getrocknetes, schnittfestes Müsli, gefasst in eine Kette, getragen am Lederband ...

die zu dem Schluss gekommen waren, dass Rügens Kreise die einzigen echten Kornkreise in Deutschland seien! Denn sie wiesen perfekte Geometrien auf, so wie sie bisher nur von den ebenfalls als echt befundenen Kreisen in Schleswig Holstein aus den Jahren 1996-1998 bekannt waren.

Der ClosedRing hatte übrigens einen Kontaktmann auf der Insel. Der wollte jedoch nie in der Öffentlichkeit genannt werden, und um seine Anonymität zu wahren, hieß er nur noch »unser Mann auf Rügen«. Harald sprach Piet einmal am Telefon auf »den Mann auf Rügen« an, weil er es ziemlich auffällig fand, dass es immer dann neue Formationen auf Rügen gab, wenn einer vom »ClosedRing« einen Trip auf die Insel angekündigt hatte und diese neue wurden Formationen dann auch immer von diesem vertrauenswürdigen Informanten gemeldet. Doch Piet wies Spekulationen, der Mann auf Rügen könnte bei den Kornkreisen eine größere Rolle als nur die des Informanten spielen, entschieden und empört zurück. Es blieb dabei: Die einzigen echten und wahren Kreise 2003 waren die auf Rügen ...

Die Saison lief, aber Kassel blieb ohne Kornkreise. Und tatsächlich wurde die Szene nervös. Immer wieder fuhren die Kornkreisenthusiasten die Region ab, um zu suchen. Doch ohne Ergebnis. Nur Mr. X konnte sich nicht so ganz beherrschen und legte in einer One-Man-Aktion ca. 50 Kilometer von Kassel entfernt eine Formation an. Die Szene lebte kurz auf. Aber das blieb bis auf einige Windbrüche und die damit verbundenen Fehlalarme alles.

Es ist schon erstaunlich, dass sich neben den bekannten Kornkreismachern nie eine andere unabhängige Gruppe gebildet hat. In all den Jahren seit 1996 ist nicht eine einzige Formation entdeckt worden, die nicht aus dem Kreis der in diesem Buch benannten Personen stammte. Eigentlich hatten alle Kornkreismacher damit gerechnet, dass die Kreise bei Kassel eine größere Eigendynamik entwickeln und neben unzähligen Forschern und Kornkreisgläubigen auch weitere Macher auf den Plan rufen würden. Doch dieser Effekt blieb aus.

Noch immer suchten Harald und Florian nach einem geeigneten Platz für ihr »Projekt 2003«. Es war klar, dass der Ort weder in der Pfalz oder im Saarland noch in der Region von Kassel sein konnte. Aber im Saarland ist das so: Wenn jemand etwas braucht oder sucht, dann kennt man einen, der jemanden kennt, der jemanden kennt, der irgendwas kann oder hat. Und so fragte Florian seinen Freund Sigi, ob er nicht einen Landwirt kenne, der Spaß verstehe und ein sehr großes Feld zur Verfügung stellen könne, das weit genug weg sei. Denn

Das Gutshaus Belitz.

Harald und Florian wollten sicher stellen, nicht mit dem anzulegenden Kornkreis in Verbindung gebracht zu werden. Sigi musste nicht lange überlegen, kannte einen »Nick«, dessen Tochter irgendwas mit Landwirtschaft studierte. Und die hatte einen künftigen Schwiegervater mit großem Hof und viel Land ziemlich weit weg. Schon bald hatte Florian den Landwirt am Telefon und schilderte sein Anliegen. Eine große Formation von bisher in Deutschland nicht gekanntem Ausmaß sollte es werden. Und Sören, dem Landwirt, gefiel der Plan, er willigte ein und damit war klar: Die Reise wird in die »Mecklenburgische Schweiz« gehen.

Es ist Juli. Die Vorfreude auf das Projekt lässt die lange Anfahrt quer durch die Republik kürzer erscheinen als sie ist. In eine Wolldecke gewickelt schaut Florians Stomper aus der Reisetasche, als sie sich mit der Deutschen Bahn auf den Weg nach Kiel machen. Dort treffen sie Alexander und zu dritt geht die Reise per PKW weiter. Ein anstrengendes Wochenende mit sehr wenig Schlaf steht ihnen bevor. Die Landstraße führt sie von Rostock durch kleine Dörfer und wunderschöne Alleen bis in das winzige Dorf Belitz, wo sie schließlich Sörens Gutshaus finden: ein prächtiges Gebäude inmitten riesiger Felder.

Sörens Gastfreundschaft ist überwältigend und für die Kornkreismacher geht ein lang gehegter Traum in Erfüllung, nämlich eine Fahrt mit dem Landwirt durch seine Felder, bei der sie sich das schönste Feld für ihre Formation aussuchen dürfen. Riesige Felder soweit das Auge reicht! Hendrik, Sörens Sohn, ist eigens mit Frau und Kind angereist, um dem nächtlichen Spektakel beiwohnen zu können. Bei einem kräftigen Essen stärkt sich das Team noch einmal und dann geht es los. Hendrik, Alexander, Harald und Florian machen sich gegen 23 Uhr auf den Weg zum Feld.

Das Auto wird in sicherem Abstand zum Feld geparkt. Denn Geheimhaltung ist wichtig und deshalb gilt: Bloß nicht auffallen! Mit Seil und Stampfern ausgerüstet folgen sie der Traktorenspur des riesigen Feldes. Die Hunde des Ortes bellen. Es ist Vollmond, fast ein wenig zu hell, um unentdeckt zu

Die »Projekt 2003«-Formation.

bleiben. Andererseits sind so eventuelle Neugierige, wie ein paar Radfahrer und eine Gruppe Jugendlicher, die zum Nachbarort wandert, rechtzeitig aus dem Feldinneren wahrzunehmen.

Bald ist der erste Kreis gezogen und schon nach einer weiteren Stunde kann man die Dimension einer 120 Meter langen Kornkreis-Formation erahnen. Doch dann ein Schock. Gut hundert Meter vom Feld entfernt liegt ein kleines Wäldchen. Und dort sichten die Vier plötzlich ein rhythmisches Blinken. Hendrik, der die Gegend natürlich gut kennt, weiß, dass es keinen direkten Weg in das Waldstück gibt, kein Haus und auch sonst nichts außer dem Grab eines jungen russischen Soldaten. Und dann hört das Blinken auf und eine Person mit Taschenlampe kommt aus dem Wald auf das Feld zu. Was tun? Aufgeben? Wenig später sind die Person und das Licht verschwunden, aber das Team ist verunsichert. Sollten sie entdeckt worden sein?

Egal, die Formation muss fertig werden. Noch ein paar kleine Korrekturen im Feld – und gegen ein Uhr dreißig ist das Werk vollbracht. Zurück im Gutshaus wartet schon Sören, leicht grinsend. War er der nächtliche Besucher am Rande des Waldstückes, der nun bei Kerzenschein Wein und Bier für die Helden bereitgestellt hat?

Gegen vier Uhr fallen alle halbtot ins Bett. Doch auch diese Nacht wird nur sehr kurz, denn am nächsten Morgen steht ein Rundflug an. Gestartet wird am Flughafen Laage. Und was gibt es Schöneres für einen Kornkreismacher, als sein Werk aus der Luft zu betrachten?

Die Formation von Belitz ist bald entdeckt. Sören steht vor der Kamera der lokalen Nachrichten und die Tagespresse berichtet mehrfach über das Wunder von Belitz. Der Landwirt spielt die Rolle des Unwissenden überzeugend.

Erwartungsgemäß fallen die Beurteilungen zu den Kornkreisen der Saison 2003 und somit auch zur Belitz-Formation zurückhaltend aus. Nach den Erfahrungen mit ProSieben ist die Szene vorsichtig geworden. Und auf der Internetseite des »ClosedRing« sind neue Kategorien eingeführt zur Klassifizierung von Kornkreisen. Neben der Klassifizierung »Hoax« (Kornkreis-Englisch für »Spaß«) wurden eingeführt:

1. offizielle Projekte, von Menschen gemacht
2. definitiv von Menschen gemachte Kornkreise
3. mit großer Wahrscheinlichkeit von Menschen gemachte Kornkreise

Übrigens: Das Fernsehen hat Belitz auch noch für andere Projekte entdeckt. Für die Fernsehserie »Abenteuer 1900 – Leben im Gutshaus« wurde ein geeigneter Drehort gesucht, ein Haus, das weitgehend dem Stand von 1900 entsprach und in dem 20 Protagonisten sich in die Zeit von 1900 zurückversetzen lassen sollten. Von rund 50 verschiedenen Gutshäusern wurde Sörens gewählt. Denn das Haus war Modernisierungsmaßnahmen im »real existierenden Sozialismus« entgangen. Schon bald machte Sören mit seiner Familie für ein halbes Jahr Platz für Handwerker und schließlich für das Fernsehen. Im Frühjahr 2004 wurde erstmals gedreht. Und im Jahr 2005 wurde auf Gut Belitz auch noch für die Serie »Abenteuer 1927 – Sommerfrische« gedreht. Das zweite Wunder von Belitz. Was Kornkreise nicht alles bewirken können ...

Eine Woche nach der Belitz-Aktion sind Harald und Werner auf dem Weg nach Rügen. Der NDR hatte zum Interview gebeten. Werner, absolut medienscheu, fährt lediglich als Begleitung mit und um drei Tage Urlaub zu genießen. Wieder führt die Fahrt mit dem PKW durch die endlosen Felder Mecklenburg-Vorpommerns. Dort angekommen treffen Harald und Werner auf das Team vom NDR. Piet, Winfried und Willy vom »ClosedRing« sind auch da, Piet und Winfried sogar schon seit einigen Tagen. Das Fernsehen will die Arbeit der Kornkreisforscher dokumentieren.

Die Stimmung ist freundlich, als Piet, Winfried und Harald aufeinander treffen. Nur Willy ist zurückhaltend. Es geht rasch zum ersten Interview ins Feld. Der Redakteur schlägt ein kontroverses Gespräch im Kornkreis vor mit Piet, Winfried und Harald. Die unterschiedlichen Standpunkte sollen dokumentiert werden – auf der einen Seite Harald, der Kornkreise ganz klar als ein von Menschen gemachtes Phänomen mit weitreichenden soziologischen und psychologischen Aspekten einschätzt, auf der anderen Seite Piet und Winfried, die in den Rügener Kornkreisen zur Zeit die einzig echten Manifestationen eines phantastischen Phänomens sehen, eines Phänomens, dessen Ursache sie in uns bisher unbekannten Kräften sehen und das für die Menschheit bisher unbegreiflich ist und neue Horizonte eröffnen wird.

Das geplante Streitgespräch wird vom Redakteur angestoßen. Doch anstatt Harald vehement zu widersprechen, stimmt ihm besonders Piet immer wieder zu: Alles menschengemacht! Die Kontroverse bleibt aus und Harald ist verwirrt. Was ist hier los? Doch dann klärt sich das Ganze. In der Nacht hatten die Leute vom »ClosedRing« samt Team vom NDR einen alten Bekannten bei der nächtlichen Arbeit im Feld ertappt. Es war der absolut integere Informant der Forschergruppe – der »Mann auf Rügen«! Diese Entdeckung hatte nicht nur eine große Depression, sondern auch einen mächtigen Sinneswandel ausgelöst, zumindest bei Piet und Winfried.

Weiter stellte sich heraus, dass eine Gruppe um die beiden nun geläuterten Forscher in Schleswig Holstein für das NDR-Team selbst eine Kornkreisformation angelegt hatte. Und beim Anlegen dieses Experimental-Kornkreises, hatten sie selbst viele der Effekte meist zufällig produziert, die sie bisher als Indizien für ein unerklärliches Phänomen gehalten hatten. Und all dies war vor laufender Fernsehkamera geschehen. Vor allem Piet hatte das die Augen geöffnet.

Die vielen Stunden Filmmaterial, das der NDR

aufgenommen hatte, hätten zu einer bahnbrechenden Dokumentation geschnitten werden können. Doch was herauskam war ein seichter, oberflächlicher 30-Minuten-Beitrag, der mehr Fragen zum Thema aufwarf als er beantwortete. Alles in allem eine verpasste Chance.

Da Harald nun auch ganz offiziell in Mecklenburg Vorpommern unterwegs gewesen war, mutmaßten natürlich jetzt schon Kornkreisforscher, dass der »Projekt 2003«-Kreis ebenfalls in dieser Region liegen könnte. Und deshalb tippten sie auf Belitz. Damit lagen sie richtig, auch wenn ihre Argumentation nicht so ganz stimmig war. Denn der Kreis von Belitz lag ja schon mehr als eine Woche vor der Reise nach Rü-

Ein Werk des »Mann auf Rügen«.

gen im Feld. Greifen wir an dieser Stelle schon mal voraus. Als Florian und Harald Ende 2003 das Rätsel lüften, haben es alle schon geahnt. Denn natürlich sei dem Belitz-Kreis schon von Weitem anzusehen, dass er von Menschen gemacht ist. Doch Harald und Florian sind sich sicher: Hätte es das »Projekt 2003« nicht gegeben, wäre Belitz mit Sicherheit »Kornkreis des Jahres« geworden, besaß er doch bisher in deutschen Feldern nie dagewesene Ausmaße und eine durchaus perfekte Ausführung.

Doch zurück zu den Auswirkungen der »Rügen-Affäre«. Piet war schlagartig geläutert. Mehr oder weniger von einem Tag auf den anderen wurde er vom Kornkreisgläubigen zum Kornkreisrealisten. Und die Enthüllungen auf der Ostseeinsel ließen ihn neu über die Ereignisse in Schleswig-Holstein und anderen Orten nachdenken. Die Offenheit, die er nun an den Tag legte, ließ ihn erkennen, dass Joachim Allgeier, sein absolut integerer Informant, Co-Autor und Freund aus Tagen der Kornkreise aus dem Land Angeln, vielleicht auch dort eine andere Rolle spielte, als die von ihm erkannte. Und Piet erfuhr viele neue Details über die Kornkreiswelle der Jahre 1996-1998 in Schleswig-Holstein ...

Es war klar, dass die Ereignisse die Forschungsgruppe des »ClosedRing« spalten musste. Auf der einen Seite stehen weiterhin Thomas und Walter, die nach wie vor an ein übernatürliches Phänomen glauben und die als Gurus der Szene gelten. Zwar sind auch sie mit dem Beurteilen von Kornkreisen vorsichtig geworden und ein »echt« kommt ihnen kaum noch über die Lippen, aber sie untersuchen weiterhin fleißig Halmknoten, messen Radioaktivität und begeistern sich für Lichtphänomene.

Auf der anderen Seite steht nun Piet, der die Geschichte mit den Kornkreisen durchschaut und in einer beeindruckenden Recherchearbeit Informationen über die einzelnen Kornkreismacher zusammengetragen hat. Allerdings gaben sich nicht alle Kornkreismacher kooperativ. Heike, Tom und Mr. X stellten sich völlig unwissend ...

Das Jahr 2003 hatte Florian und Harald bewiesen, dass die Kornkreisszene mittlerweile absolut berechenbar geworden war. Mehr als ein Jahrzehnt der Beobachtung und die Experimente seit 1996 hatten die Mechanismen an den Tag gebracht, nach denen die Szene funktionierte, wann ein Kornkreis zum Beispiel als »echt« und wann als »falsch« eingestuft wurde. So konnten beide diese Mechanismen über Jahre gezielt einsetzen und die Einschätzung durch die Szene manipulieren. Eine Erkenntnis, die auch etwas Erschreckendes hatte. Die Szene jedenfalls lebt weiter. Und der VFK hat beispielsweise einfach beschlossen, die Fakten zu ignorieren.

Harald und Florian werden den Kornkreisen eng verbunden bleiben. Doch was bewegt sie dazu? Was treibt sie? Vielleicht ist es eine Sucht, vergleichbar der eines Bungee-Springers, der dem nächsten Sprung entgegen fiebert. Es ist auch die Faszination der Macht, zu wissen, dass und wie die Kornkreisgemeinde auf die selbst initiierten Ereignisse reagieren wird. Und es ist die Liebe zur Kunst. Denn diese majestätisch wirkenden Gebilde im Korn haben ihre eigene Ästhetik, faszinieren den Betrachter und geben ihm Rätsel auf.

Und nun?

Stellen sie sich folgendes Szenario vor: Sie sind mit einer Gruppe von vielleicht drei oder vier Leuten des Nachts unterwegs und legen einen Kornkreis an. Dieser wird entdeckt, vermessen, untersucht und ausgewertet. Nach einigen Tagen kommen die Experten zu dem Ergebnis, dass ihr Kunstwerk das Werk unbekannter Kräfte ist, dass mutmaßlich Außerirdische im Spiel waren. Seltsame Lichtkugeln wurden gesichtet und erhöhte Radioaktivität gemessen. Und jetzt kommt ihr großer Auftritt. Sie treten vor die Experten der Kornkreisszene und legen die ganze Angelegenheit offen. Und dann passiert ... nichts! Denn ihnen wird nicht geglaubt! Und selbst wenn sie Beweise für Ihre Tat bringen, wird kaum einer der Kornkreisforscher diese Beweise akzeptieren, denn die will keiner wirklich haben. Tritt allerdings jemand auf den Plan, der behauptet, er habe über dem Kornkreis rote Lichter gesichtet, dann hat er schon gewonnen. So funktioniert die Kornkreisszene.

Und deshalb ist auch eine Frage schnell beantwortet: Was wird dieses Buch in der Kornkreisszene bewirken? Genau: Ebenfalls nichts! Vermutlich wird die Forscherszene einmal mehr Brunner und Hoos als Verräter, Täuscher und Kriminelle brandmarken. Genauso geht es allen, die in ähnlicher Weise an die Öffentlichkeit treten. Dabei kommen dann auch oft spannende Verschwörungstheorien ans Licht. So hat die Szene zum Beispiel schon behauptet: Verschiedene Regierungsstellen und Institutionen würden uns bezahlen. Unsere liebste Antwort auf solche Unterstellungen ist die: Ja, es ist der Vatikan der uns bezahlt!

Wären wir nicht sicher, dass unser Buch in der Kornkreisfanatikerszene nichts verändern wird, wir hätten es wahrscheinlich nicht geschrieben. Denn was uns absolut fern

Bedersdorf 2004: Eine Auftragsarbeit für den Hessischen Rundfunk.

liegt ist, der »Faszination Kornkreise« Schaden zuzufügen. Wir wollen ihnen unsere Sicht auf ein ebenso faszinierendes wie spaßiges (für uns jedenfalls) Phänomen geben und zeigen, dass Kornkreise auf jeden Fall mehr sind als der größte Streich seit Max und Moritz. Und das sehen nicht nur wir so, wie die nächsten Seiten zeigen. Nicht nur wir beschäftigen uns gestaltend mit dem Thema.

Florian Brunner & Harald Hoos
im Sommer 2005

Die Schweiz

Die Kornkreise sind mittlerweile international. In England hat es begonnen, gegenwärtig ist Polen im Kornkreisfieber. Und überall diskutiert man eifrig über gebogene und nicht gebrochene Halme, über scheinbare Wachstumsveränderungen und die dahinter stehenden extraterrestrischen Macher. Auch die Schweiz hat eine Geschichte mit den Kornkreisen, die hier, als ein Beispiel von vielen, von unseren eidgenössischen Kollegen erzählt wird ...

Kornkreisbier und Backware aus Kornkreismehl.

Die Schweiz im Kornkreisfieber

Von den »Starcirclers«

Die Entstehung

Noch ein letzter Blick in den Kofferraum, alles mit einer Plane zugedeckt und ab ging's. Wir hatten eine lange Fahrt vor uns, denn es war wieder soweit: Wir, die »Starcirclers«, machten uns nach intensiver Planungsphase auf den Weg in die idyllische Landschaft, die wir für unser neuestes Projekt ausgewählt hatten. Während der Fahrt machten uns die Wetterbedingungen ein wenig unruhig. Eine eindrucksvolle Gewitterfront war uns ständig auf den Fersen.

Langsam kamen wir unserem Ziel näher. Die Dörfer wurden kleiner und die Felder größer. Wir verlangsamten unsere Fahrt durch unsere schweizer Heimat und ließen die Gegend auf uns wirken. Doch kurz vor einem malerischen Dörflein holte uns das Gewitter ein. Es wurde dunkel, dann schüttete es wie aus Kübeln und zum Schluss setzte sogar Hagel ein. Wir wollten unser Projekt schon verloren geben und uns auf den Rückweg machen, als plötzlich der Wind drehte und die Wolken sich auflösten. Was wir jetzt geboten bekamen, war der schönste Regenbogen, den wir je gesehen hatten. Wir hielten am Straßenrand und stiegen aus. Durch die einsetzende Wärme hatte sich Bodennebel gebildet und die ganze Landschaft schien mit dem Regenbogen wie eine Phantasiewelt. Hier waren wir richtig! Das Schauspiel wurde fotografiert, und wir fuhren zu einem nahegelegenen Parkplatz an einem kleinen Fluss.

Um nicht aufzufallen, zogen Camper und Melky ihre Joggingkleider an und machten sich auf den Weg, das ideale Feld zu finden. Währenddessen trafen Stiffler und Braco am Ufer des kleinen Flusses die letzten Vorbereitungen für die anstehende Nachtaktion. Einige Stunden später wurden die Ergebnisse der Rekognoszierung besprochen. Es gab zwei Felder, die in Frage kamen. Eines hatten wir beim Vorbeifahren sofort favorisiert. Es bestand aber das Problem, dass sich gleich neben diesem Feld ein Hochsitz befand. Da wir das Risiko, von einem Jäger gesehen oder sogar mit seiner Beute verwechselt zu werden, nicht eingehen wollten, entschieden wir uns schließlich für das andere Feld. Dieses grenzte zwar direkt an eine Landstraße und an den Hof des Bauern, doch wir liebten das Spiel mit dem Feuer.

In der Zwischenzeit hatte es bereits gedämmert. Mit Anbruch der Dunkelheit stieg bei uns die Nervosität von Minute zu Minute. Die Anspannung war nun bei jedem von uns deutlich erkennbar. Ein Feld direkt an der Landstraße! Ob uns da niemand entdecken konnte? Erst jetzt wurde uns richtig bewusst, was uns in dieser Nacht erwartete. Da wir mit dem Beginn der Aktion warten wollten bis Mitternacht, wenn die Dorfbevölkerung schlief, blieb noch einige Zeit. Wir nahmen eine Stärkung zu uns und gingen ein letztes Mal unsere Aufgaben durch. Hatten wir auch wirklich nichts vergessen? Die Zeit schien unendlich langsam zu vergehen. Als sich der Uhrzeiger endlich gegen 12 quälte, waren wir in einen Zustand verfallen, der schon mit einer Trance verglichen werden konnte. Wir packten das Material und brachen auf. Auf dem Weg wurden die Gedanken langsam wieder etwas klarer. Die Anspannung, die durch das lange Warten ausgelöst worden war, löste sich dadurch ein bisschen.

Beim Feld angekommen, mussten wir noch die geeignete Tramline für den Einstieg bestimmen. Wir entschieden uns für eine Spur, bei der die Figur sicher im Feld bleiben würde, die aber möglichst weit von der Landstraße entfernt lag. Hintereinander sprangen wir in das noch jungfräuliche Feld.

Es war nicht einfach. Die Tramline begann erst gut zwei Meter vom Rand entfernt und wir durften nicht daneben springen, was mit all dem Material recht schwierig war. Wie bei einem Schweigemarsch eilten wir anschließend die Traktorspur entlang in die Mitte. Dann kam der langersehnte Augenblick: die Entstehung eines Kornkreises, welcher später Auswirkungen haben sollte, die wir uns zu diesem Zeitpunkt nicht einmal im Traum ausmalen konnten.

Hier standen wir also, nur knapp 150 Meter von der Landstraße entfernt, inmitten eines noch intensiv nach Regen riechenden Feldes. Wer schon einmal nach einem Sommergewitter in Feld und Wald spazieren ging, kennt diesen Geruch. Auch die Luft ist dann kühler und frischer als sonst.

Wir blieben noch einige Minuten wortlos stehen. Alle hintereinander im Zweimeterabstand, weil man in der dünnen Reifenspur nicht nebeneinander stehen konnte. In unseren Körpern begann es zu brodeln. Es war wie in früheren Jahren: In dieser geheimnisvollen Umgebung werden die Sinne ausgeprägter. Man glaubt zu spüren, wie der Adrenalinspiegel steigt und die Konzentration stark zunimmt. Unser Körper bereitete sich auf eine große physische und psychische Leistung vor.

Auch wenn wir zu viert waren, kam sich jeder von uns einsam vor in dieser ruhigen Nacht. Man hing seinen Gedanken nach. Das Feld lag ruhig da und jetzt, als sich unsere Augen an die Dunkelheit gewöhnt hatten, wurde unser Eindruck vom Tage bestätigt, dass es vor Schönheit strotzte. Es gab praktisch keine Windschäden, und die Halme hatten eine ausgeglichene Höhe von etwa 1,30 Meter erreicht. Das ist zwar etwas hoch und darum anstrengender als andere Felder, doch dürfen wir uns zur sportlichen Bevölkerung zählen.

Die Uhr zeigte 0 Uhr 43 an. Damit war es jetzt doch recht spät für unser Vorhaben. Im nahen Dorf waren die letzten Lichter längst ausgelöscht worden. Aber der Mond schien hell, viel zu hell für unseren Geschmack, denn es war beinahe Vollmond.

Gleich zu Beginn wurden unsere Nerven das erste Mal strapaziert. Wir vernahmen ein leises Geräusch, welches rasch lauter wurde. Als dann plötzlich zwei Scheinwerfer das Nachbarfeld erleuchteten, wussten wir, dass die Straße häufiger frequentiert wurde, als wir angenommen hatten. Zum Glück fuhr das Auto vorbei und wir konnten wieder aufstehen. Sollten wir es wagen, hier an dieser exponierten Stelle in dieser sternenklaren Nacht unser Projekt durchzuziehen? Wir schauten uns an, und ohne dass ein Wort gesprochen wurde, verstanden wir: Es gab kein Zurück! »Jetzt oder nie!«

Camper packte sein Material, nahm entlang der Tramline Anlauf und sprang seitwärts – wie die Schere im Hochsprung – ins Feld. Sofort folgte Stiffler, und langsam entstand der erste Kreis. Dessen geplante Dimension wurde uns erst im Feld bewusst: Er war riesig und dadurch wurde die Stimmung noch unheimlicher. Doch hatte alles seine Richtigkeit und es bewährte sich, dass wir uns wochenlang intensiv auf dieses Projekt vorbereitet hatten. So nahm die Herstellung zwar immer noch viel Zeit und Kraft in Anspruch, doch wenigstens wusste jeder über die einzelnen Schritte Bescheid, was auch wichtig war, denn dieses Mal waren wir ohne unsere Funk-Headsets unterwegs.

Eine Stunde später lag schon ein beträchtlicher Teil der Grundstruktur im Feld und jeder ging seiner Aufgabe nach. Schon zweimal mussten wir uns blitzartig auf die gebogenen Ären fallen lassen, um nicht von vorbeifahrenden Autos gesehen zu werden. Und mit jeder Minute wurde die Gefahr größer, dass die Kornkreisfigur aufgrund ihrer zunehmenden Größe von der Straße her gesichtet werden konnte.

Wir lagen gerade das dritte Mal auf dem Boden, als wir auf den Nachthimmel aufmerksam wurden. Seltsames tat sich da. Um den Mond entstand ein milchiger Halbkreis, welcher sich vom Firmament absetzte. Wir trauten unseren Augen nicht: Der Halbkreis war nämlich nicht nur in der Nähe des Mondes zu sehen, sondern setzte sich fort bis hinunter zu einem entfernten Waldstück und auf der anderen Seite bis zum Fluss.

Gespannt schauten wir hinauf zum Mond und wieder hinunter zur Erde. Wir fühlten eine Leichtigkeit, als würden wir zwischen Sternenhimmel und Kornkreis schweben. Ein weiteres Mal in unserem Leben wurden wir uns der Illusion und Schönheit von Naturphänomenen bewusst. Es war fantastisch! Wenn wir an böse Aliens glauben würden, hätten wir wohl gedacht, sie holten uns. Doch so genossen wir diesen fast schon spirituellen Augenblick in der Natur und freuten uns ein weiteres Mal, in jener Nacht unterwegs zu sein.

Was wir damals sahen war ein wunderschöner Mond-Regenbogen, welcher durch das Mondlicht in weißlich milchigem Licht erschien. Dieser Mond-Regenbogen sollte auf den weiteren Verlauf unseres Projekts noch einen bemerkenswerten Einfluss haben.

Die Zeit drängte und jeder ging an seinen Platz zurück, alleine mit seinen Geräten, irgendwo in der komplexer werdenden Figur. Da die Formation knapp 100 Meter im Durchmesser maß, gab es nicht selten Augenblicke, wo man die anderen Starcirclers völlig aus den Augen verlor. Wenn man sich dann gegenseitig nicht mehr sah, kehrte plötzlich die Anspannung zurück. Es kann nämlich für die menschliche Psyche schwierig sein, sich bei Nacht mutterseelenallein in einem riesigen Feld zu wissen, welches sich dazu noch im Takt des Windes bewegt. Man hört Geräusche, die sich nicht einordnen lassen, weil sie nur Einbildungen oder Überreizungen unseres auf die Stufe »Gefahr« gestellten Gehörs sind. Und man verliert die Orientierung, gleich einem Schiffbrüchigen im offenen Meer, nur dass wir uns statt im Wasser in einem endlos scheinenden Meer aus Ären befinden.

Dann plötzlich Panik, Geschrei im Feld: »Auf den Boden!« Die Lichter der nahen Scheune waren angegangen. Jetzt um 3 Uhr 7!

Wir blieben liegen. Eine Minute, zwei, drei, doch es tat sich nichts. Es war niemand zu sehen und nichts zu hören. Nach fünf Minuten ging das Licht wieder aus, ohne dass etwas geschehen war. Vermutlich handelte es sich bei dem Licht um eines mit Sensor, das von einem Tier ausgelöst wurde. Die Unterbrechung riss uns völlig aus unserem Rhythmus, und unsere Gedanken wurden für kurze Zeit wieder auf die Realität um uns herum gelenkt.

Erneut machten wir uns an die Arbeit, doch es dauerte Minuten, bis wir uns wieder richtig konzentrieren konnten. Danach fielen wir wieder in eine Art Trance. Diese Trance gehört für uns zu den größten Phänomenen bei der Schöpfung von Kornkreisen: Irgendwie versetzen wir uns durch diesen fast schon rituellen Akt in eine Art Selbsthypnose. Angst und Schmerzen verschwinden und die Anstrengung ist nicht mehr fühlbar, während unser Körper gleichzeitig zur präzisen Maschine mit fast schon übermenschlicher Leistungsfähigkeit mutiert.

Am eindrucksvollsten konnten wir diesen Zustand bei unserem Athleten Melky feststellen. Dieser kam, nachdem er über zwanzig Minuten lang irgendwo im äußersten Kreis »verschwunden« war, an einem Kreuzpunkt zu uns ins Zentrum zurück. Er war völlig durchnässt, der Schweiß lief ihm den Körper hinunter. Er hatte gerade ein sehr anstrengendes Stück von über einem Kilometer Länge zurückgelegt und dabei so verbissen gearbeitet, dass er zeitweise wohl nur noch einen Tunnelblick gehabt hatte. Auf jeden Fall blieb er bei uns stehen, schien uns aber nicht wahrzunehmen. Braco sprach ihn an, ob im nördlichen Sektor alles fertig sei. Es kam keine Antwort. Melky stand da und schaute immerzu in eine Richtung an uns vorbei. Camper nannte ihn nochmals bei seinem Namen, doch unser Mann zeigte noch immer keine Reaktion. Wir schauten in die selbe Richtung wie Melky, konnten dort aber nichts Besonderes entdecken. Der nächtliche Wald lag im Dunkeln, aber der Himmel zeigte schon eine erste Verfärbung. Viel Zeit blieb uns nicht mehr bis zum Morgengrauen.

Braco und Camper machten sich darum an die letzten Figuren. Melky blieb stehen, noch einige Minuten lang. Später, als wir ihn an unserem Sammelplatz trafen, war er wieder der Alte. Erinnern an den Zwischenfall konnte er sich nicht!

Es galt nun, unser Projekt zu beenden. In einem Kreuzpunkt im östlichen Bereich der Formationen trafen sich Camper und Melky für eine letzte Besprechung. In vielleicht einer Stunde würde die Sonne aufgehen und da wollten wir schon Kilometer weit weg vom Ort des Geschehens sein. Das Werk war praktisch vollendet, es fehlte nur ein Stück der Peripherie. Die beiden hätten also allen Grund zur Erleichterung gehabt. Doch sie taten sich schwer, sich zu freuen. Irgendetwas lag in der Luft. Sie spürten ein Unbehagen und schauten sich wortlos um, doch da war nichts außer einer schönen Figur im Korn. Aber genau das war es ja: Wo waren Stiffler und Braco?

Camper und Melky schauten hinüber zur Scheune – wieder Licht! Die beiden anderen blieben wie vom Kornfeld verschluckt. Jetzt musste alles schnell gehen: Melky und Camper rannten wie Hochleistungssportler durch die Figur, verbesserten dort, wo es was zu verbessern gab und ergänzten das letzte Stück. Sollte tatsächlich jemand die anderen beiden entdeckt haben, so durfte das Team wenigstens keine angefangene Figur zurücklassen. Zum Schluss trafen sie sich wieder im Zentrum beim Materiallager. Seltsamerweise hatte sich alles Material in Luft aufgelöst.

Sie beschlossen, das Feld sofort zu verlassen. Eine Kontrollrunde war überflüssig, da man schon beim Schlussspurt auf Auffälligkeiten geachtet hatte.

Durch die Tramline ging's hinaus, diesmal in die entgegengesetzte Richtung, weil es ein kürzerer Weg war. Sie joggten den angrenzenden Feldweg hinauf bis zur Teerstraße und von dort Richtung Waldweg. Nach 500 Metern kamen sie an einem Hochspannungsmast vorbei – und erschraken fast zu Tode! Dort saßen zwei Spaziergänger. Die beiden Starcirclers wollten schon ins nahe Gebüsch fliehen, als sie erkannten, wer dort verweilte: Stiffler und Braco.

Schon über zwanzig Minuten warteten sie hier auf die anderen. Sie waren davon ausgegangen, dass die Figur fertig gewesen sei und da auch sie Camper und Melky nicht mehr hatten sehen können, hatten sie vermutet, dass diese abgehauen waren. Also hatten sie alles Material gepackt und waren selbst geflohen.

Wir kehrten zum Auto zurück. Es hatte sich doch noch zum Guten gewendet. Der Parkplatz war leer, unser Auto stand verlassen im Dunkeln. Wir zogen uns um und tranken einen Tee. Anschließend kontrollierten wir das Material, verstauten es im Kofferraum und deckten es wie immer mit der schwarzen Stoffplane zu. Sollten wir so in eine Polizeikontrolle geraten, würde diese uns einige Schwierigkeiten ersparen.

Langsam erwachten wir auch aus unserer Trance. Müdigkeit, Hunger und Durst wurden wieder spürbar. Es war fünf Uhr in der Frühe, als wir mit abgeschalteten Scheinwerfern, vorbei an unserem Kornkreis, zur Landstraße, an der das Feld lag, hinabfuhren. Konturen des Kreises konnten wir bei der allmählich herrschenden Morgendämmerung ausmachen, aber jeder andere wäre ahnungslos daran vorbeigefahren und hätte kaum in diesen frühen Morgenstunden einen Kornkreis in dem Feld erkannt. Wir kehrten um und fuhren ein weiteres Mal an unserem Kunstwerk vorbei. Dann nahm Stiffler Kurs auf die Autobahn. Vorbei an schönen Landschaften und blühenden Feldern fuhren wir dem Sonnenaufgang entgegen.

Der Kornkreis wird zum Phänomen

Für uns war es eine Nachtübung, für die Presse ein Phänomen. Gespannt waren wir schon, ob und wie »unser« Kreis in den Medien abgehandelt würde. Die Reaktion übertraf unsere Vorstellungen bei Weitem. Die Presse bauschte den Kornkreis zu einem Riesenereignis auf. Uns wurde vor Augen geführt, dass auch in Sachen Kornkreisphänomen die Medien als Meinungs- und Bekanntmacher an vorderster Front mitmischen. Die Macht von Fernsehsendern und Zeitungen wurde uns am eigenen Leibe bewusst. Doch der Reihe nach.

Nach der Nacht der Entstehung begann für uns das Warten. Würde der Kornkreis entdeckt werden? Wohl schon, denn er befand sich wirklich direkt an einer tagsüber stark befahrenen Hauptstraße. Auch würde der Bauer das Feld in nächster Zeit nicht ernten, da der Weizen noch nicht reif genug war. Das Wochenende kam und brachte schönes Wetter. Ideal für unseren durchtrainierten Triathleten Melky, am Sonntag eine längere Fahrradtour zu unternehmen:

»Es war gegen Mittag, als ich mich auf den Sattel schwang und voller Erwartungen losfuhr. Nach einer langen Fahrt näherte ich mich dann dem Tatort. Auf einer kleinen Anhöhe waren schon die ersten Fahrzeuge geparkt. Als ich dann vom Rad stieg und mich der Szene näherte, sah ich auch schon die ersten Besucher des Kunstwerks. Meines Kunstwerks! Eine Kurzmitteilung an die Starcirclers ließ auch sie mitfühlen. Das Betreten der Formation im Tageslicht hatte eine völlig neue Wirkung auf mich. Ich fühlte mich stolz, ein solches Werk erschaffen zu haben, doch auch selbstkritische Gedanken beschäftigten mich. War es rechtmäßig, solches zu schaffen und Leute bewusst zu täuschen? Im Nachhinein war das ganze Projekt viel zu prägend für mich, um es zu bereuen. Wir selbst hatten viel gelernt, doch aufgeklärt haben wir die Öffentlichkeit nicht.

Ich machte einen andächtigen Durchgang durch die Formation. Nur wenige Schaulustige waren vor Ort und ich fiel ihnen kaum auf. Mit ein paar Jugendlichen aus dem Dorf führte ich einen kurzen Dialog. Sie machten mir einige Angaben zur Entdeckung des Kornkreises und spekulierten über die Entstehung. Das war auch eine wichtige Erfahrung für mich, zwar fähig zu sein, jemandem Antworten auf all seine Fragen zu geben, es aber nicht zu tun und einfach zuzuhören. Das Geheimnis zu hüten. Den Bauer traf ich leider nicht, werde ihn aber später noch aus den Medien kennen lernen. Nachdenklich machte ich mich wieder auf den Weg nach Hause.«

Dann wieder Warten. Einen Tag, zwei Tage, doch nichts wurde bekannt. Es schienen sich nur die Anwohner für den Kornkreis zu interessieren. Oder brauchte es einfach seine Zeit?

In der Nacht auf den Donnerstag ging's dann endlich los. Stiffler zappte vor dem Zubettgehen noch die Spätabendprogramme am Fernseher durch, als er bei der Wiederholung der News eines kleinen lokalen Senders jäh aus dem Halbschlaf gerissen wurde. Der Sender berichtete von einer rätselhaften Figur in einem Sommerweizenfeld. Sofort wurden alle Starcirclers informiert und ein Treffen am nächsten Tag wurde vereinbart, um den Bericht zusammen anzuschauen. Doch noch bevor wir uns treffen konnten, geschah etwas wirklich Unerwartetes:

Am Donnerstagmorgen lasen wir wie üblich eine groß aufgelegte Zeitung. Der gut ersichtliche Bericht traf ein wie ein Blitzschlag: Im Inlandteil zierte eine große Luftaufnahme von unserer Formation die Titelseite! Wir konnten es kaum glauben. Wahrscheinlich verhalf uns das Sommerloch zu dieser Ehre, an einer medientechnisch so teuren Stelle in jener Zeitung abgebildet zu werden. Doch warum gerade eine so wichtige Zeitung noch vor allen anderen regionalen Tageszeitungen Wind von der Sache bekommen hatte, konnten wir nur vermuten: Ein findiger Dorfbewohner hatte wohl eine hübsche Summe für den Tipp bekommen.

Der Bericht begann recht harmlos, wie es sich für den seriösen Ruf jener Zeitung gehört. Im Verlauf wurden einige international anerkannte Kornkreisforscher zu Rate gezogen. Leider trauten sich diese noch keine Aussage zu machen. Es schien uns, als ob sie sich selbst nicht sicher seien und darum auf weitere Meinungen warten wollten.

Doch dann kam die erste Verdrehung durch die Medien. Im letzten Abschnitt eines Artikels wurde die Größe der Formation einfach noch um einen Viertel aufgerundet. Kein Problem eigentlich, wer geht denn schon nachmessen? Und sowieso, eine dreistellige Zahl sieht doch viel schöner und kräftiger aus als bloß eine zweistellige ...

Wenn es bei dieser einen Ungenauigkeit geblieben wäre, würden wir noch heute genauso über unsere Informationsgesellschaft denken wie früher. Doch die folgende Zeit prägte unsere Auffassung von Objektivität und Wahrheit völlig neu und die weiteren Berichte öffneten uns die Augen.

Die kleineren Zeitungen schalteten sich ein. Da diese Medien auf den Sensationseffekt hofften, um ihre Auflagen in die Höhe zu treiben, hinterließen sie bei uns Machern den Eindruck, als suchten sie im Kornkreis eher ein Phänomen als die Wahrheit. Schon am nächsten Tag konnte man Berichte lesen, die alles Dagewesene übertrafen:

Der Kornkreis wurde mit jedem Bericht größer angegeben, aber das war nicht alles: »Sie spüre eine Kraft, wenn sie sich im Zentrum niederlege ...«, schrieb ein Reporter über eine jüngere Frau, die täglich zum »Energie tanken« in den Kornkreis kam. Und »ob Außerirdische das Feld besuchten ...« mutmaßte ein anderer Journalist, wohl selbst mit einem kleinen Schmunzeln auf den Lippen, welches von den gläubigen Lesern aber nicht gesehen werden konnte. Aber ganz egal welche »magischen« Vorkommnisse die Berichterstattungen versprachen, ihr Ursprung war der Gleiche. Die »Sensation« war existent, sie lag in gebogenen Halmen in einem schönen Feld an einem schönen Ort und musste von den Autoren nur noch ausgeschmückt werden. Und das Publikum, die Besucher des Kornkreises, half eifrig mit.

Leute kamen und brachten Wasser in Flaschen mit, um es zu säubern und mit der Energie des Kornkreises aufzuladen. Einige besonders Hartgesottene übernachteten im Zentrum, weil sie sich erhofften, dort einen entspannenden und heilenden Schlaf zu finden. Einige junge Mütter hatten beim Besuch ihr Neugeborenes dabei, damit dieses dank der Kraft des Kornkreises ein langes Leben und gute Gesundheit erhielte. Es wurden Prozessionen und kultische Rituale durchgeführt. Sogar ein indischer Guru kam mit seinen Sektenmitgliedern und sie zelebrierten eine Art von Dankesfeier. Viele verspürten eine positive Energie und fühlten sich besser, als sie wieder aus dem Kreis herausliefen. Kopfweh verschwand, wie auch manch andere Leiden. Und die Leute machten sich Gedanken über die Entstehung der geheimnisvollen Zeichen im Korn. Jung und Alt kamen zusammen, diskutierten, es entstanden Freundschaften unter Gleichgesinnten; ob Gläubige oder

Skeptiker, die Menschen fanden zueinander, wie es sonst selten der Fall ist.

Die Stimmung war sehr positiv, aber leider hatte dies auch eine Schattenseite. Die vielen wirklich kreativen und intelligenten Gedanken, sei es wie man den Kornkreis mit Gartenrollern oder mit einem ferngesteuerten Laserschwert herstellen könnte, wurden langsam von Gerüchten verdrängt.

So wurde aus unbekümmerter Fantasie Mutmaßung, aus Mutmaßung Erzählung, aus Erzählung Tatsache und zum Schluss wurden daraus Zeitungsberichte, die uns wirklich Angst bereiteten. Angst davor, etwas ausgelöst zu haben, was wir nicht mehr kontrollieren konnten. Das Phänomen Kornkreis war ins Rollen geraten. Das war auch unsere Intension und das Ziel unseres Projektes. Doch nun schien das Fass überzulaufen und außer Kontrolle zu geraten! Wir hatten ein Monster geschaffen, ähnlich Frankenstein im gleichnamigen Roman von Mary Shelley. Zwar war unser Kornkreis ein »liebes Monster«, aber die Kontrolle über dessen Öffentlichkeitsauftreten und Vermarktung hatten wir als Urheber verloren.

Unter dem Titel »Außerirdische auf den Heuwiesen« wurde in einer Zeitung endgültig von Extraterrestren geredet. Die Redaktionen gaben zwar nicht ihre eignen Theorien zum Besten, veröffentlichten aber die Erfahrungen von bekannten Persönlichkeiten, die glaubten, Ufos gesehen zu haben. Wieder überboten sich die Medien mit noch »präziseren« Zeugenaussagen. Dass diese Leute den selben nächtlichen Regenbogen wie wir gesehen hatten, anstatt einem UFO, konnte natürlich niemand ahnen!

Trotz zahlreicher Hinweise im Internet auf Fälschungen und deren Entstehung, ließen die Medien und Experten den Leser im Glauben, Kornkreise könnten „echt" sein. Erst später oder auch gar nicht kamen sie zum Entschluss der Wahrheitsfindung. Dazu ein Zitat eines Parapsychologen in einer Zeitung drei Wochen nach der Entstehung: »Man kennt bisher keine Kornkreise, die nachweislich nicht von Menschenhand stammen.«

Das Spiel mit den Medien schienen gewisse selbst ernannte Kornkreisforscher (z.B. Dieter Pfeiffer) durchschaut zu haben und gekonnt für ihre Zwecke zu nutzen. Sie spielten den Medien ihre Erkenntnisse in die Hand. Weil sie ja »Forscher« sind und denen bekanntlich eher Glauben geschenkt wird als Laien , stieg das Interesse an ihnen, was sie wiederum dazu veranlasste, zu »neuen wissenschaftlichen Erkenntnissen« zu gelangen, welche sie den Medien zuspielten. Und die Medien waren hungrig danach, und die Zeitungsberichte waren reich an Sensationen. Der Leser wurde zwar um die Wahrheit gebracht, aber das Phänomen lebte.

Doch die Berichte wurden noch ärger. Plötzlich fanden »Forscher« heraus, dass die Halme am zweiten Knoten immer exakt um 25° gebogen waren und darum nicht geknickt. Dies war unter den Cereologen schon seit jeher ein Zeichen für einen »echten« Kornkreis. Selbst ein hinzugezogener Botaniker konnte keine eindeutige Erklärung dafür liefern.

Wir vermuten hingegen, dass aufgrund der evolutionären Entwicklung die Pflanze so elastisch ist, dass ein Umbiegen noch kein Knicken zur Folge hat. Die Halme biegen sich also am Knoten bei einer äußeren Einwirkung so, dass sie später wieder der Sonne entgegenwachsen können. Darum ist es kaum erstaunlich, dass derselbe Effekt auch bei natürlichen Verwindungen zu beobachten ist.

Die Tage vergingen, und die Medien versuchten immer wieder durch neue Inputs das Phänomen im Gespräch zu halten. Der Kornkreis wurde gefeiert. Esoteriker, Gläubige, frisch Verliebte, Kunstinteressierte, Bauern und auch viele Familien mit Kindern verbrachten Stunden des Glücks und der Zufriedenheit gemeinsam im Kreis. Man rätselte, meditierte und genoss die Zeit draußen in der Natur.

An dieser Stelle muss betont werden, dass wir die Leute nie einfach hinters Licht führen wollten. Wir hatten dieses Projekt aus einem tiefgründigerem Bedürfnis angelegt. Einerseits ist und bleibt es eine Landschaftskunst, die für die Künstlergruppe eine hohe Herausforderung darstellt. Andererseits hat der Kornkreis positive Auswirkungen auf die Menschen.

Die Schweizer Brauerei Locher produzierte 2004 ein Kornkreisbier.

Die Besucher fühlen sich wohl im Innern der Formation und spüren eine Art positiver Energie. Dies ist aber keinesfalls nur Fantasie, sondern hat vielmehr mit unserer Kultur zu tun: Immer mehr verschwinden nämlich die Gelegenheiten, aufs Land an die frische Luft zu gehen, oder man nimmt sie nicht mehr wahr. Leute verlieren vor lauter Elektronik den Bezug zur Realität, zu ihrer Umwelt und zur Natur. Kommen solche »Stadtmenschen«, die es auf dem Land leider auch immer mehr gibt, in ein Kornfeld, so verspüren sie nur schon durch diesen Umgebungswechsel eine positive Kraft, eine Erdung, welche leider immer mehr vernachlässigt wird. Bläst dazu noch ein schwacher Wind und ist es nicht zu heiß, so vergehen Kopfweh und andere Beschwerden wie im Fluge.

Hinzu kommt eine Art Placebo-Effekt ähnlich wie in der Medizin. Dort bekommt ein Patient anstelle einer medizinisch wirksamen Therapie eine Pille verabreicht, die nur aus reinem Zucker besteht. Der Patient, tief im Glauben, ein wirkungsvolles Medikament erhalten zu haben, spürt schon nach kurzer Zeit eine Linderung der Symptome sowie eine deutliche Verbesserung seines allgemeinen Gesundheitszustandes. Und das, obwohl er kein einziges Molekül einer wirksamen Substanz erhalten hat. Die Pille kann dabei im Körper wirklich messbare Veränderungen hervorrufen, vor allem bei Beschwerden oder Krankheiten, die auf eine Wechselwirkung zwischen Körper und Geist zurückzuführen sind. Allein der Glaube an die Heilung kann also schon bestimmte Symptome lindern.

Einen analogen Effekt konnten wir bei den Kornkreis-Besuchern feststellen. Die »Pille« war in unserem Fall der Kornkreis selber, mit all seinen Gerüchten und den Erwartungen, welche die Besucher in ihn steckten. Mit Ausnahme der wenigen Skeptiker wollten die meisten das Phänomen am eigenen Körper erleben, als sie es betraten. Sie erhofften sich etwas Unvorhergesehenes, kamen mit hohen Erwartungshaltungen und waren gleichzeitig offen für alles Magische und »Überirdische« – eine ideale Ausgangslage, um wirklich die erhofften Erlebnisse zu haben.

So kann jeder im Kornkreis das finden, was er sucht. Die Esoteriker schöpfen Kraft aus den umgelegten Halmen, Kopfweh geplagte Büroangestellte erholen sich von ihrer Migräne und da der Kornkreis viele Menschen, insbesondere Familien, dazu bewogen hat, den Sonntag einmal nicht in den eigenen vier Wänden zu verbringen sondern draußen, hat er bereits seine Wirksamkeit bewiesen. Das ist das wahre Phänomen der Kornkreise...

Personen, die einen Kornkreis berühmt machen

Der Landwirt

Als der Landwirt am Morgen sein Feld erblickte, dachte er zuerst, dass ein Betrunkener mit dem Auto durch sein Feld gefahren sei. Er hatte noch nie zuvor etwas von einem Kornkreis gehört.

Er ist ein bodenständiger Bauer, der noch nie mit etwas Übernatürlichem zu tun gehabt hatte und auch nicht daran glaubte. Daher tat er die Spuren in seinem Feld, als er feststellte, dass diese nicht von einem Auto stammen konnten, als einen ärgerlichen Lausbubenstreich ab. Erst als ihn sein Sohn darauf aufmerksam machte, dass er aber einen schönen Kornkreis in seinem Feld habe, wurde er über das Phänomen Kornkreise aufgeklärt.

Anstatt den Kornkreis einfach abzumähen, wie das sicher einige seiner Kollegen tun würden, die mit dem Kornkreisphänomen ebenfalls nichts anzufangen wussten, ergriff unser Bauer, der sich inzwischen über Kornkreise informiert hatte, die Initiative. Er informierte die Kornkreisforschung von den ungewöhnlichen Ereignissen auf seinem Feld. Dies war die Initialzündung für alles was folgte.

Als ein schlauer Bauer und da er durch das plattgedrückte Korn einen finanziellen Schaden hinnehmen musste, kam er auf die Idee, diesen mit Hilfe des Kornkreises wieder auszugleichen. An Kreativität mangelte es ihm dabei nicht. Zuerst bemerkte er, dass der Kornkreis unglaublich viele Schaulustige anzog. Er errichtete einen Zaun um das Feld und verlangte von jedem Kornkreisbesucher einen Unkostenbeitrag für die Besichtigung des Feldes. Zusätzlich zu den Eintrittseinnahmen verkaufte er am Eingang auch Luftaufnahmen der Formation.

Zu einem guten Kornkreis-Management gehört auch das Spiel mit den Medien. Er gab zu Protokoll, dass er nach der anfänglichen Skepsis nun selber nicht mehr wisse, was er glauben sollte. Vielleicht war an den Geschichten der esoterisch angehauchten Besucher ja doch etwas dran. Der Kornkreis musste natürlich auch in den Medien als sehenswert verkauft werden!

Die Ideen gingen dem pfiffigen Agrarökonom nicht aus, auch nachdem er den Kornkreis schlussendlich abgemäht hatte. Aus dem gewonnenen Weizen wurde ein »Kornkreismehl« geschaffen, das einen guten Absatz unter den Esoterikern fand.

Wir können ihm dankbar sein dafür, dass er in seinem anfänglichen Ärger den Kornkreis nicht gleich abgemäht hatte und dass er sich für das Kornkreisphänomen begeistern konnte. Damit hatte er einen wesentlichen Beitrag für das Gelingen unseres Projektes geleistet.

Die »Wissenschaftler«

Auch Dieter Pfeiffer hat es gut gemeint mit unserem Kornkreis und umgekehrt, der Kornkreis mit ihm. Beide haben einander zu großer Berühmtheit verholfen. Der Zufall spielte insofern mit, als er die beiden geografisch recht nahe beieinander existieren ließ.

Pfeiffer genoss eine ingenieurwissenschaftliche Ausbildung und wendete sich dann aus uns unbekannten Gründen den Parawissenschaften zu. Er nennt sich heute Geomant und Radiästhet (beides Methoden, die einem Doppelblindtest niemals widerstanden) und widmet sich lieber den Medien als seinen Kritikern. Ob er sich damit dis- oder qualifizierte, bleibt wohl im Auge des Betrachters. Bei seinem ersten medialen Auftritt erklärte er bereits, dass das komplexe Muster der Formation durch Mikrowellen entstanden sein müsse. Nach weiteren Messungen mit viel Feinfühligkeit stellte er auch fest, dass sich zwei geomantische Energielinien direkt im Zentrum des Kornkreises schneiden und bei Weiterverfolgung der Verbindungsgeraden zu Kraftplätzen der Kelten, Pfeiffers Vorfahren, führen.

Solche Interpretationen waren für uns Kornkreismacher natürlich von besonderem Interesse. Es wurden Tatsachen soweit gedehnt, bis sie exakt aufs Forschungsobjekt passten. Bei genauerer Betrachtung löst sich natürlich auch ihre Aussagekraft in Luft auf. Welcher Ort liegt nicht auf einer Verbindungsgeraden zweier Kultplätze?

Beunruhigend war für uns die Zurückhaltung der Medien, zu solchen Aussagen Stellung zu nehmen. Nur wenige nüchterne Betrachtungen wurden publiziert und stets waren Esoteriker an der Spitze der medialen Front. Ist die Presse von einigen renommierten Wissenschaftlern eingeschüchtert, da selbst sie ihren Glauben in der scheinbaren Mystik der Kornkreise suchen?

Natürlich machten wir uns an diesem Punkt auch Gedanken darüber, wie die verschiedenen Gruppen auf die Enthüllung unserer Anonymität reagieren würden. Kaum jemand hätte wohl den Mut uns zu glauben, da dies bedeuten würde, dass ein großer Teil der Mystik der Kornkreise verloren gehen würde und dass angebliche Wissenschaften, wie die Radiästhesie, die viele vermeintliche Beweise für die Echtheit des Kornkreises geliefert hatten, in ein noch fadenscheinigeres Licht gerückt würden.

Das Phänomen aus Sicht der »Starcirclers«

Weil wir von »unserem« Kornkreis mit Bestimmtheit sagen können, dass er von Menschenhand geschaffen worden war, wurde uns eine Perspektive auf das Kornkreisphänomen eröffnet, durch die unsere Sichtweise nachhaltig geprägt bleiben wird.

Die Geschichten der Medien und Esoteriker über die Entstehung und die Auswirkungen eines Kornkreises werden von Tag zu Tag sensationeller. Die Fakten werden so zurechtgebogen, dass ein Kornkreis, der von uns in einer Nacht angelegt wurde, plötzlich zu einem unerklärlichen Phänomen wird, das nur mit Übernatürlichem begründet werden kann.

Diese Geschichten stoßen auf ein breites Interesse in der Öffentlichkeit. In unserer Welt, in der mit dem Fortschritt der Wissenschaft und Technik immer weniger Phänomene bleiben, die noch nicht erklärt werden können, ist die Menschheit ständig auf der Suche nach Geheimnisvollem. Die Erde kann sich doch nicht nur nach den biederen Gesetzen der Mathematik und Physik drehen! Eine Welt ohne Übersinnliches? Wo bleibt da der Spielraum für die menschliche Phantasie?

Der Glaube gewisser Menschen an Übersinnliches und Außerirdisches führt dazu, dass die Kornkreise als nicht-irdisches Phänomen eingestuft werden. Wer an der »Echtheit« zweifelt, wird in einem Kurzprozess als Ignorant verurteilt. Die Echtheit wird dabei durch Kriterien beschrieben, die entweder nicht reproduzierbar (z.B. geomantische »Energielinien«) oder nicht objektiv messbar sind (z.B. radioaktive Strahlung). Da ist es auch egal, wenn überhaupt kein kausaler Zusammenhang mit der Entstehung des Kornkreises besteht. Die Strahlung hat ihren Ursprung beispielsweise im Boden und nicht im Kornkreis. Aber wer gründlich sucht, findet immer, was er sucht.

Das Kornkreisphänomen besteht unserer Ansicht nach nicht nur im Kornkreis selber, welcher mit seiner Größe und Schönheit durchaus fasziniert, sondern in den Auswirkungen die er auf etliche Menschen hat. Dabei schauen wir aber überhaupt nicht mit Verachtung auf die Forscher, Esoteriker oder Besucher, für deren Interesse wir ja mitverantwortlich sind. Und die meisten Besucher sind wirklich freundliche, offene und interessante Menschen. Unser Projekt hat uns vielmehr vor Augen geführt, was der Glaube bzw. Aberglaube der Menschen alles bewirken kann.

Braco, Camper, Melky und Stiffler,
die »Starcirclers«
Im Frühjahr 2005

Die Bedersdorf-Formation – eine Woche alt: deutliche Zerstörungen durch Schaulustige und »Kornkreisforscher«